US-Elitesoldat Jocko Willink

WARRIOR KID

US-Elitesoldat Jocko Willink

WARRIOR KID

Wie mein Onkel Jake mir half, vom Außenseiter zum Kämpfer zu werden

riva

Bibliografische Information der Deutschen Nationalbibliothek
Die Deutsche Nationalbibliothek verzeichnet diese Publikation in der Deutschen Nationalbibliografie.
Detaillierte bibliografische Daten sind im Internet über https://dnb.de abrufbar.

Für Fragen und Anregungen
info@m-vg.de

2. Auflage 2024

Türkenstraße 89
80799 München
Tel.: 089 651285-0

Die amerikanische Originalausgabe erschien 2017 bei Feiwel and Friends unter dem Titel *Way of the Warrior Kid: From Wimpy to Warrior the Navy SEAL Way.*

Übersetzung: Martin Rometsch
Redaktion: Ulrike Reinen
Umschlaggestaltung: Laura Osswald
Umschlagabbildungen und Illustrationen im Innenteil: Jon Bozak
Layout: Pamela Machleidt
Satz: Müjde Puzziferri, MP Mediien, München
Druck: GGP Media GmbH, Pößneck
Printed in Germany

ISBN Print 978-3-7423-0816-0
ISBN E-Book (PDF) 978-3-7453-0443-5
ISBN E-Book (EPUB, Mobi) 978-3-7453-0444-2

Dieses Buch ist Marc Lee, Mike Monsoor und Ryan Job vom SEAL Team Three, Task Unit Bruiser, gewidmet, die als Krieger lebten, kämpften und starben.

INHALT

KAPITEL 1: DAS SCHLIMMSTE JAHR

Morgen ist der letzte Schultag. Ich kann ihn kaum erwarten. Dieses Schuljahr war das schlimmste aller Zeiten! Leider kann ich mir nicht vorstellen, dass es nächstes Jahr besser wird. Die fünfte Klasse war grauenhaft und ich fürchte, die sechste wird noch schlimmer. Warum sie so schrecklich war? Wo soll ich anfangen?

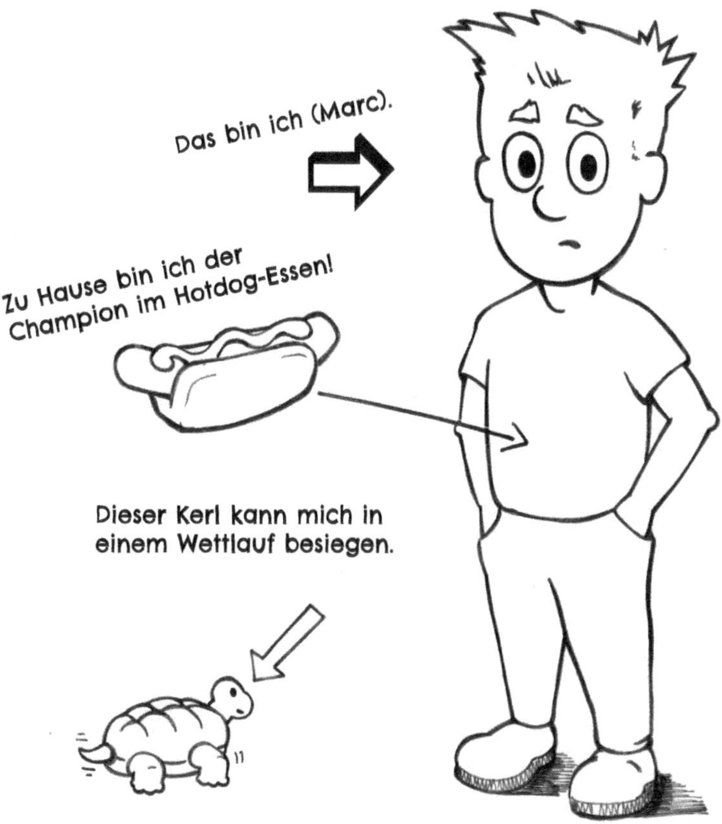

Die fünf Hauptgründe, warum die fünfte Klasse furchtbar war:

1. Die Schule selbst! Ich muss den ganzen Tag an einem Pult sitzen.

2. Ich habe erfahren, dass ich doof bin! Und es stimmt. In allen anderen Schuljahren hielt ich mich für schlau. Aber dieses Jahr war ein Reinfall! Ich beherrsche das Einmaleins immer noch nicht! Wie zum Teufel soll ich das nächste Jahr überstehen?

3. Das Mittagessen in der Schule. Sie nennen es »Pizza«. Keine Ahnung, warum. Seit wann zählt Weißbrot als Pizzaboden?

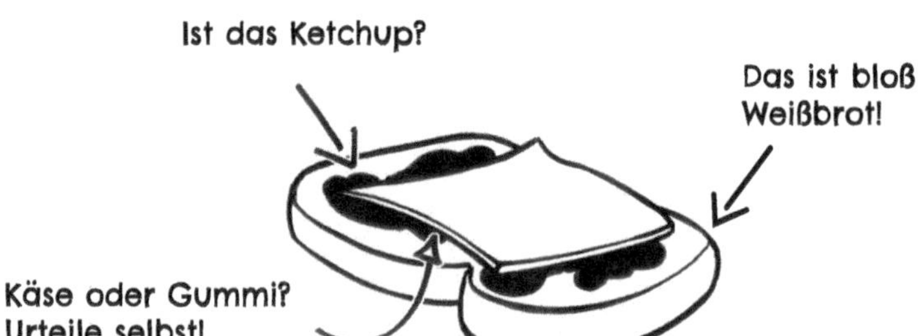

4. Der Sportunterricht. Die meisten Schüler lieben ihn. Aber an meiner Schule gibt es »Tests«, und da versage ich kläglich. Besonders bei den Klimmzügen. Rate mal, wie viele ich schaffe. Null! Ich schaffe null Klimmzüge! Das ist eine Schande für alle Zehnjährigen – und die ganze Klasse weiß es. Sogar die Mädchen. Vor allem diejenigen, die mehr Klimmzüge hinkriegen als ich!

5. Schulausflüge. Die meisten Schüler mögen nicht nur Sport, sondern auch Ausflüge. Unsere haben immer nur ein Ziel: den Mount Tom. Dahin wandern wir im Herbst, ehe es zu kalt ist, und im Frühling, wenn es langsam warm wird. Das Verrückte dabei: Der Mount Tom ist gar kein

Berg, sondern ein See. Und das Problem: Ich kann nicht schwimmen! Während unseres Herbstausflugs konnte ich das ziemlich gut verheimlichen. Aber in diesem Frühjahr haben die anderen es gemerkt. »Kommst du nicht mit ins Wasser?« und »Warum bleibst du am Ufer?« fragten sie, oder: »Warum springst du nicht vom Brett?« Welcher Junge kann denn nicht einmal schwimmen? Ich. Ich bin so ein Junge. Auweia!

6. Ich weiß, ich habe von fünf Gründen gesprochen, aber es gibt *noch* einen und der ist wahrscheinlich der wichtigste:

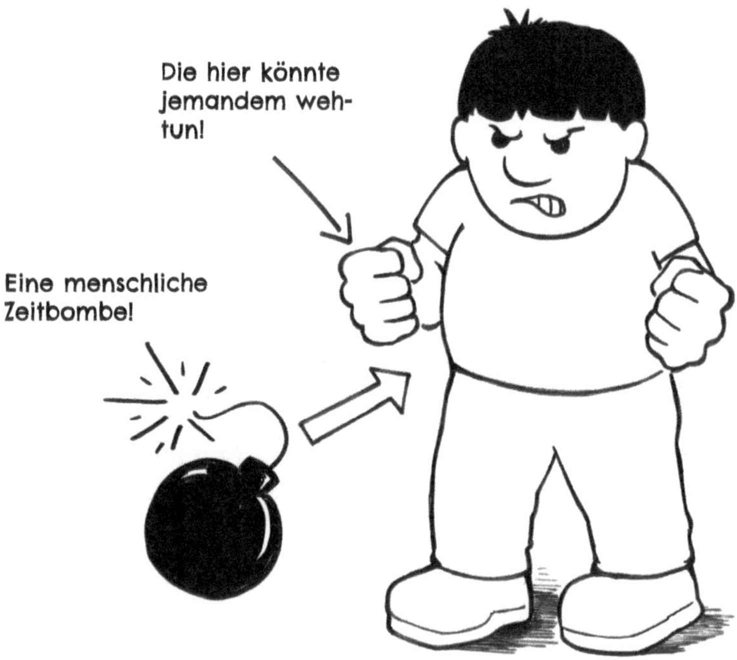

Kenny Williamson. Er ist groß und stark und fies. Er regiert das Klettergerüst und nennt sich sogar »König der Kletterburg« oder »König Kenny«! Wenn andere auf das Gerüst klettern wollen, müssen sie entweder seine Freunde sein oder seine »Regeln« befolgen.

Alle Lehrer behaupten, unsere Schule sei »mobbingfrei«. Wir hatten sogar einen Anti-Mobbing-Tag, an dem wir über die Ausgrenzung anderer Schüler gesprochen haben – wie schlimm das sei und dass wir es den Lehrern melden müssen. Weißt du was – Kenny ist ganz bestimmt ein Mobber, und er geht auch ganz bestimmt in meine Schule. Aber niemand sagt den Lehrern etwas davon.

Das sind die wichtigsten Gründe dafür, dass die fünfte Klasse schrecklich war und dass die sechste nicht besser wird! Ich kann es kaum erwarten, dass die Schule morgen aus ist. Dann muss ich nicht mehr leiden und die Ferien können beginnen!

Dieser Sommer wird fantastisch! Ja, es ist toll, dass ich nicht in die Schule gehen muss – aber was noch viel cooler ist: Mein Onkel Jake kommt zu Besuch und bleibt den ganzen Sommer lang da!

Er war acht Jahre lang ein Navy SEAL , also ein Elitesoldat, und wird die Marine verlassen, um zu studieren. Und vorher kommt er zu uns. Ein Navy SEAL! Echt! Bei mir zu Hause!

Onkel Jake ist der Beste. Erstens ist es supercool, dass er ein Navy SEAL ist. Er hat schon in echten Kriegen gekämpft. Mama sagt, er sei »an vorderster Front« gewesen. Das bedeutet, er hat den bösen Jungs in die Augen geschaut. Mann! Aber Onkel Jake ist auch deshalb so cool, weil er das genaue Gegenteil von mir ist. Ich bin schwach – er ist stark. Ich bin doof – er ist schlau. Ich kann nicht schwimmen – er sogar mit einem Rucksack auf dem Rücken! Ich hab Angst vor Schlägertypen – aber die haben Angst vor ihm!

MEIN ONKEL JAKE

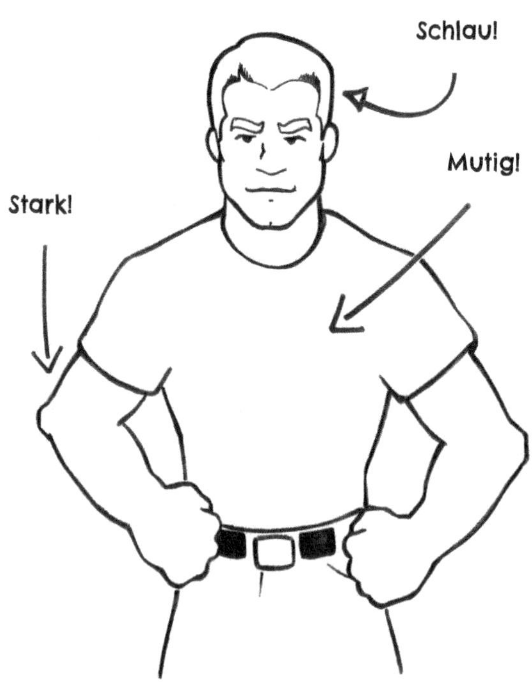

Trotzdem habe ich Onkel Jake bisher noch nicht oft gesehen, weil wir in Kalifornien leben und er lange in Virginia stationiert war. Ich hoffe, er hält mich nicht für ein solches Weichei, dass er gar keine Lust hat, sich mit mir abzugeben! Aber vielleicht merkt er es auch gar nicht?

Was solls – natürlich merkt er es. Schließlich ist er ein knallharter Typ! Und ich bin ein Verlierer. Na ja, ich werde es bald herausfinden.

KAPITEL 2: DER SCHLIMMSTE TAG

Heute war der absolut schlimmste Tag meines Lebens. Ich weiß, der letzte Schultag sollte eigentlich Spaß machen, aber ich kann dir sagen, er war ätzend, grauenvoll, schrecklich und krass. Wieso? Wo soll ich anfangen?

Erstens hatten wir unser Sportfest – und das sollte doch eigentlich Spaß machen, oder? Wir waren den ganzen Morgen im Schulhof und es gab eine Menge Spiele, Wettkämpfe und so weiter. Nicht nur Fußball und Basketball, sondern auch Dreibeinlauf, Apfelfischen (nur mit den Zähnen!) und Sackhüpfen. Wir blieben eine Weile bei jedem Spiel, bis die Lehrer »Wechseln« riefen, dann gingen wir zum nächsten.

Anfangs war es gar nicht so schlecht. Niemand nahm es wirklich ernst und alle hatten irgendwie Spaß.

Darum merkte auch kaum jemand, wie schlecht ich bin bei Sport und Spiel. Schon deshalb, weil Fred Turner in meiner Gruppe war. Er ist in allem noch schlechter als ich. Also war ich eigentlich gar nicht soo übel.

Aber dann kamen die Klimmzüge. Ja, Klimmzüge, Liegestütze und Übungen am Klettergerüst gehörten auch zum Sportfest. Und alle schauten zu! Also tat ich, was jedes schlaue, schwache Kind tun würde: Ich versteckte mich! Ich ging ganz nach hinten und verschmolz sozusagen mit der Menge. Als die anderen zur Klimmzugstange hochsprangen, zählten alle mit. Mike Swearington schaffte achtzehn, Billy Hacke zweiundzwanzig! Jennifer Phillips, die Turnerin, sogar siebenundzwanzig!

Und ich stand ganz hinten, schaute zu, versteckte mich und wartete darauf, dass es vorbei war.

Dann war Kenny Williamson, der König der Kletterburg, an der Reihe. Er machte nur elf Klimmzüge, was aber eigentlich ziemlich gut ist, wenn man berücksichtigt, wie schwer er ist. Es schien ihm auch gar nichts auszumachen, bis jemand aus der Menge schrie: »Er ist gar nicht so stark, wie er aussieht!« Einige lachten, und ich sah, dass Kenny immer wütender wurde. Er wusste nicht, was er tun sollte – bis er merkte, dass ich ihn anstarrte. Unsere Blicke trafen sich. Langsam hob er einen Finger und zeigte auf mich.

»Was ist mit dem da?«, bellte er. Auf einmal wurde die Menge still, während Kenny immer noch auf mich deutete.

»Er war noch nicht dran! Mal sehen, was Marc drauf hat!«

Jetzt saß ich in der Klemme. Kenny wusste genau, dass ich keinen einzigen Klimmzug schaffte. Er hatte im vergangenen Jahr im Sportunterricht gesehen, wie ich es immer wieder vergeblich versucht hatte. Ich schlich mich noch weiter nach hinten. »Komm schon, Marc! Rauf mit dir!«, schrie Kenny.

In diesem Moment schubste mich jemand von hinten und zwang mich, nach vorn zu gehen. Jetzt konnte ich mich nicht mehr verstecken.

Mr Maguire, der die Aufsicht hatte, drehte sich um und sah mich an. »Warst du schon dran, Marc?«, fragte er.

»Nein, Mr Maguire. Aber ich ...« Ich suchte nach einer

Ausrede. Bin ich vielleicht krank? Nein, schließlich habe ich gerade an allen anderen Spielen teilgenommen. Oder verletzt? Aber wie kann man sich verletzen, wenn man nur zuschaut, wie die anderen Klimmzüge machen? Hat der Hund meine Klimmzüge gefressen?

»Dann spring rauf, Marc«, sagte Mr Maguire mit strengem, aber aufmunterndem Blick. »Zeig uns, was du kannst.«

»Okay«, sagte ich. Langsam ging ich zur Klimmzugstange. Die ganze Schülerschar starrte mich an. Ich sah überall nur Augen.

»Fang an, Marc. Rauf mit dir«, fuhr Mr Maguire fort.

»Ja«, schrie Kenny. »Zeig uns, was du kannst!«

Endlich stand ich unter der Stange und schaute hinauf. Ich wünschte mir so sehr, dass mir dieses eine Mal ein paar Klimmzüge gelingen würden. Oder dass ich einfach im Erdboden versinke. »Auf gehts, Marc!«, forderte Mr Maguire.

Ob diese Stange weiß, dass sie gleich mein Leben ruinieren wird?

»Ja, Marc, *auf gehts*«, wiederholte Kenny und äffte Mr Maguire nach.

Die Menge wurde ganz still, als ich die Hände nach oben streckte. Ich beugte die Knie, sprang hoch und packte die Stange. Dort blieb ich hängen. Dann versuchte ich, mich hochzuziehen. Nichts passierte. Ich zog stärker. Wieder nichts. Schließlich brachte ich so viel Kraft auf wie nie zuvor in meinem Leben. Ich zog mich etwa fünf Zentimeter hoch – mehr schaffte ich nicht. Ich versuchte es weiter, kam aber kein bisschen höher. Langsam zog mich die Schwerkraft zurück nach unten. Ich ließ die Stange wieder los.

»Null!«, schrie Kenny aus voller Brust. »Eine große, fette Null.«

Die anderen stimmten ein: »Null! Null! Null! Null!«

Ich ließ den Kopf hängen und versuchte, unsichtbar zu werden.

»Schon gut, schon gut«, sagte Mr Maguire und versuchte, die Kids zu beruhigen. »Nicht jeder schafft einen Klimmzug.«

Dann platzte jemand, der ganz hinten stand, heraus: »Schwimmen kann er auch nicht!« Alle lachten. Obwohl ich weiß, dass ich kein schlechter Mensch bin, weil ich keinen Klimmzug schaffe und nicht schwimmen kann, hatte ich langsam die Nase voll. Ich spürte, dass sich meine Augen mit Tränen füllten, und weil ich nicht wollte, dass mich jemand weinen sah, lief ich weg. Ich lief über den Schulhof und hinter die Bibliothek, wo niemand je hingeht. Dort setzte ich mich hin, und das wars. Ich heulte wie ein Baby.

Das war mein letzter Schultag.

KAPITEL 3: BEGINN DER SOMMERFERIEN

»Was ist los?«, fragte meine Mutter, als ich mich an den Frühstückstisch setzte. Nach dem gestrigen Tag fiel es mir schwer, wenigstens so zu tun, als hätte ich gute Laune. Aber ich versuchte es.

»Nichts. Mir geht's gut«, antwortete ich mit einem gezwungenen Lächeln.

»Komm schon, Marc. Was hast du denn?« So ist das eben mit Mama. Sie merkt es, wenn ich unglücklich bin; doch selbst wenn ich ihr erzählt hätte, was los war, hätte sie nichts dagegen tun können. Sie konnte mich nicht stärker machen. Und Kenny Williamson nicht zwingen, mich in Ruhe zu lassen. Was also würde es nützen, ihr alles zu beichten? Sie hätte ja doch nur gesagt: »Ach, der Junge ist doch nur neidisch, weil

du klüger bist als er« oder »Wenn du ein wenig älter bist, wirst du stärker« oder »Kümmere dich nicht darum, was andere sagen. Ich weiß, dass du etwas ganz Besonders bist.« Ich weiß ja, dass Mama es gut meint. Aber Tatsache ist, dass Kenny Williamson mich *nicht* beneidet. Es spielt auch keine Rolle, dass ich in ein paar Jahren vielleicht stärker werde. Denn jetzt bin ich schwach! Und natürlich hält meine Mutter mich für etwas Besonderes – sie ist eben meine Mutter. Deshalb war es wirklich sinnlos, ihr zu erzählen, was mit mir nicht stimmte.

»Ich werde meine Freunde in den Ferien vermissen«, erklärte ich.

»Ach so«, antwortete sie. »Dann sorgen wir eben dafür, dass ihr diesen Sommer möglichst oft zusammen spielen könnt.«

»Danke, Mama«, sagte ich und hoffte, dass sie mich jetzt in Ruhe ließ. Mama ist wirklich lieb, aber sie arbeitet viel und ist immer in ihrem Büro. Ich habe oft das Gefühl, dass sie mich nicht wirklich versteht. Mein Papa ist ebenfalls nett, aber er ist meist unterwegs, weil er in seinem Beruf viel reisen muss.

»Weißt du was?«, fügte sie hinzu. »Dein Onkel Jake kommt in ungefähr einer Stunde an. Wollen wir ihn zusammen abholen?«

»Ja!«, schrie ich. Ich hatte ganz vergessen, an welchem

Tag Onkel Jake kommen sollte. Aber jetzt fiel es mir wieder ein: Heute! »Ja, das ist toll!«

»Schön«, sagte sie. »Räum den Tisch ab, dann fahren wir los.«

Nachdem ich den Tisch abgeräumt hatte, stiegen wir ins Auto und fuhren zum Flughafen. Ich freute mich sehr auf Onkel Jake, aber irgendwie war ich auch nervös. Schließlich ist er Navy SEAL – ein richtig harter Kerl. Nicht wie die Typen in den Filmen, die nur so tun als ob. Nein, Onkel Jake ist echt. Wahrscheinlich hatte er nicht unbedingt Lust, mit mir abzuhängen, aber wenigstens würde ich ihn ab und zu sehen.

Am Flughafen parkten wir das Auto und gingen in die Ankunftshalle, um ihn abzuholen.

Ich stand da und schaute durchs Glas dabei zu, wie die

Passagiere herbeiströmten. Es gab Familien, Geschäftsleute, Studenten und eine Menge anderer, normal aussehender Leute, die eben aus dem Flugzeug gestiegen waren. Dann sah ich ihn. Mit festen Schritten kam er geradewegs auf uns zu.

Er schien zu wissen, wohin er wollte. Sein Gesichtsausdruck war sehr ernst. Er sah echt stark aus. Onkel Jake trug ein kurzärmliges Hemd, und seine Arme waren total muskulös! Alle anderen Leute schienen mit sich selbst beschäftigt zu sein, aber Onkel Jake schaute sich langsam um und musterte die ganze Umgebung. Dann sah er Mama und mich. Als er uns erkannte, winkten wir ihm zu.

Plötzlich wich seine ernste Miene einem breiten Lächeln und er winkte zurück. Cool! Er ging durch die Tür und kam auf uns zu. Dann umarmte er Mama und sagte: »Wie gehts, große Schwester?« Das war lustig, weil er viel größer und stärker ist als sie. Als er mich ansah, streckte er die Hand aus und sagte: »Kleiner Mann?« Ich gab ihm die Hand. Seine war anders – groß und stark und rau. Die Haut fühlte sich eher wie Leder an. »Mehr hast du nicht zu bieten?«, fragte er.

»Hä?«, erwiderte ich, weil ich nicht genau wusste, was er meinte.

»Dein Händedruck. Kannst du nicht kräftiger zupacken?«

Ich drückte fester.

»Besser«, sagte Onkel Jake. »Wir werden daran arbeiten.«

»Okay«, sagte ich. Cool! *Wir werden daran arbeiten.* Das bedeutete, dass er mit mir zusammenarbeiten wollte. Wir würden also etwas gemeinsam unternehmen!

Dann gingen wir zur Gepäckausgabe, wo Onkel Jake seine Sachen holte. Er hatte einen grünen Armeerucksack und eine Reisetasche in Tarnfarbe. Die Tasche warf er mir vor die Füße.

»Die trägst du – das macht dich stärker«, sagte er lächelnd.

»Kein Problem«, meinte ich. So eine coole Armeetasche wollte ich gerne tragen. Ich hob sie hoch – sie war total schwer – und hängte sie mir über die Schulter. Dann gingen wir zum Auto.

Es war einfach super. Onkel Jake ist ein rauer Typ – aber nicht nur das. Er ist auch cool und nett.

Das wird der beste Sommer aller Zeiten.

KAPITEL 4: ZIMMERGENOSSEN

Also, der heutige Tag war erst fantastisch, dann schrecklich und dann, glaube ich, wieder toll. Als wir zu Hause waren, erfuhr ich, dass Onkel Jake in meinem Zimmer wohnen würde! Wir würden den ganzen Sommer lang Zimmergenossen sein. Mama hat ein kleines Klappbett für Gäste, das sie nun aber für mich in mein Zimmer stellte. Die Matratze ist dünn und irgendwie unbequem, aber das ist mir egal. Schließlich bekommt Onkel Jake den Sommer über mein Bett. Nachdem das alles geklärt war, stopfte er seine Sachen in einige meiner Schubladen und in meinen Schrank. Dann gingen wir hinunter zum Abendessen.

Während des Essens stellte Mama Onkel Jake eine Menge Fragen über alles Mögliche. Er war acht Jahre bei den SEALS und erzählte ihr, was für tolle Sachen er dort gemacht hat. Die meisten Kids würden wohl auch gern mal Fallschirmspringen, mit Atemgeräten tauchen oder sich aus einem Hubschrauber abseilen – und das jeden Tag!

Er sprach auch über den Krieg. Er sagte, das Härteste seien dabei nicht die Einsätze selbst oder das schwere Gepäck oder die Angst. Am allerschlimmsten sei es, wenn Kameraden verwundet oder getötet werden.

Nach dem Essen gingen wir nach oben, um mein Zimmer »in Ordnung zu bringen« (so drückte es Onkel Jake aus), bevor es zu spät war. Jetzt wurde es ungemütlich.

Onkel Jake fragte mich, was ich am nächsten Tag vorhätte. »Triffst du dich mit Freunden? Spielt ihr Basketball oder Fußball?

»Ich bin kein besonders guter Sportler«, gestand ich.

»Man muss nicht gut sein, um Spaß zu haben.«

»Na ja, es macht nicht so richtig Spaß, wenn man nicht gut ist«, erwiderte ich. Ich fühlte mich schon wieder wie ein großer Verlierer.

»Okay. Wir wärs mit Schwimmen? Man kann doch hier in der Gegend schwimmen, oder?«

Als er das sagte, ging es mir plötzlich richtig mies. Mein Onkel will mit mir schwimmen gehen, aber ich kann nicht, weil er dann merkt, dass ich gar nicht schwimmen kann! Ich hatte das Gefühl, so einen Onkel gar nicht verdient zu haben. Plötzlich füllten sich meine Augen mit Tränen und ich platzte heraus: »Ich kann nicht schwimmen!«

»Was meinst du damit?«, fragte er.

»Ich meine, ich kann nicht schwimmen.«

»Gar nicht?«, wollte er wissen.

»Gar nicht. Ich kann überhaupt nicht schwimmen.« Als ich das sagte, brach ich in Tränen aus. Dann erzählte ich ihm *alles*, was ich sogar Mama verschwiegen hatte. Alles. »Nicht nur das, ich schaffe auch keinen einzigen Klimmzug. Ich bin wahrscheinlich der schwächste Junge in der ganzen Schule.« Die Tränen liefen mir übers Gesicht. Obwohl ich mich wie ein Baby benahm, konnte ich nicht aufhören zu weinen und zu reden. »Und das ist noch nicht alles. Ich kann auch immer noch nicht das Einmaleins! Ich bin fast elf Jahre alt und kann das Einmaleins nicht!«

»Okay, weißt du was –« Onkel Jake wollte mir etwas sagen, aber ich unterbrach ihn. Ich kann es nicht glauben, aber ich redete ihm einfach dazwischen.

»Das Schlimmste ist, dass ich gemobbt werde. Fast jeden Tag muss ich tun, was Kenny Williamson mir sagt!«

»Wer ist das?«, fragte Onkel Jake. »Ein Lehrer?«

»Nein!«, schrie ich. »Ein anderer Junge. Ein Tyrann!«

»Aha, jetzt hab ichs kapiert«, sagte Onkel Jake. »Ist das alles?«

»Ob das *alles* ist? Dieser Fiesling macht mich fertig, alle lachen mich aus, weil ich keinen Klimmzug schaffe, ich weiß nicht, was acht mal sieben ist, und ich kann nicht einmal schwimmen! Kann es noch schlimmer werden?«

»Gut«, sagte Onkel Jake.

»Gut?«, fragte ich. »Warum zum Teufel ist das gut?«

»Es ist gut, weil du jedes dieser Probleme lösen kannst. Jedes Einzelne.«

Ich wusste nicht, was ich sagen sollte. Ich war ein jammernder Versager. Aber Onkel Jake blieb ruhig, so ruhig, dass ich mich langsam auch beruhigte.

»Schau mal, Marc«, sagte er. »Als ich zur Marine ging, schaffte ich nur sieben Klimmzüge. Heute schaffe ich siebenundvierzig. Ich war auch kein großartiger Schwimmer. Heute schwimme ich wie ein Fisch. In der Schule war ich auch nicht so gut; aber als ich mit dem SEAL-Training anfing, lernte ich, wie man am besten lernt. Zum Schluss bestand

ich alle theoretischen Tests mit Auszeichnung. Und als ich dann schließlich in die Teams der SEALS aufgenommen wurde, wusste ich nichts übers Kämpfen. Heute finde ich mich in jeder Lage zurecht.«

»Ja, klar, du bist ja auch ein Navy SEAL!«

»Darum geht es nicht. Ich wurde nicht so geboren! Ich musste hart dafür arbeiten. Ich musste lernen. Ich musste es mir verdienen. Was ich sagen will, ist, dass du nicht schwach bleiben musst – du kannst ein Warrior Kid werden.«

Ein Warrior Kid? Mir war nicht ganz klar, was das heißen sollte, aber es hörte sich toll an.

»Was ist ein Warrior Kid?«, fragte ich.

»Ein Warrior ist ein Krieger. Und ein Warrior Kid ein Kind, das gelernt hat, für seine Ziele zu kämpfen. Was das genau bedeutet, erkläre ich dir morgen. Jetzt musst du ins Bett gehen. Aber ich glaube, ein Kämpfer ist genau das, was du werden solltest.«

Onkel Jake ging hinaus und nach unten, um sich mit Mama zu unterhalten. Warrior Kid. *Kämpfer. Wow!*

Ich lag im Bett und dachte über das alles nach, bis ich einschlief.

KAPITEL 5: WARRIOR KID

Als ich am nächsten Morgen aufwachte, war Onkel Jake nicht mehr im Zimmer. Da ich nicht wusste, wo er war, ging ich nach unten. Er saß mit Mama am Frühstückstisch.

»Wie gehts, Schlafmütze?«, fragte er. Ich rieb mir die Augen. Er hatte recht. Ich war immer noch nicht ganz wach.

»Hast du schon viel gemacht?«, fragte ich.

»Nun ja«, antwortete er, »nach dem Aufstehen habe ich trainiert und bin eine Runde gelaufen. Dann habe ich geduscht und etwas fürs Studium gelesen. Und jetzt frühstücke ich mit meiner Schwester.«

»Das alles hast du heute Morgen getan?«

»Na klar.«

»Wann bist du denn aufgewacht?«

»In aller Herrgottsfrühe«, sagte er.

»Was ist das denn?«, fragte ich.

Er grinste. »Das heißt, ich stehe früh auf. Sehr früh.«

Ich hatte keine Ahnung, wie man so etwas tun konnte. Mir fällt es schon schwer, um sieben aus dem Bett zu kriechen, um rechtzeitig in der Schule zu sein. Onkel Jake musste gegen fünf Uhr aufgestanden sein!

»Wir beide müssen heute miteinander reden, stimmts?«

»Ja, müssen wir«, antwortete ich ängstlich

»Also dann. Wenn du gefrühstückt hast, machen wir einen Spaziergang.«

Ich schaufelte ein paar Bissen hinunter, zog mich an und sagte Onkel Jake, ich sei bereit.

»Bist du sicher?«, fragte er mit ernster Miene.

»Ziemlich sicher«, beteuerte ich, obwohl ich echt nervös war.

»Dann mal los«, sagte er.

Wir gingen hinaus und die Straße entlang zum Park.

»So, Marc, weißt du, wie man ein Kämpfer wird?«, fragte mich Onkel Jake, sobald wir um die erste Ecke gebogen waren.

»Ich glaube, darüber weiß ich gar nichts«, gab ich zu.

»Okay. Aber du weißt doch, was ein Kämpfer ist? «

»Ja. Ich meine, ich denke schon. Jemand, der im Krieg kämpft … richtig?«

»Zum Teil ja. Aber was noch?«

»Sonst fällt mir nichts ein.«

»Du meinst also, man ist nur dann ein Kämpfer, wenn man in den Krieg zieht? Und du glaubst, dass jeder, der in den Krieg zieht, automatisch auch ein Kämpfer ist?«

»Ich schätze schon«, antwortete ich.

»Dann hast du falsch geschätzt. Um ein Kämpfer zu sein, muss man viel mehr können. Kämpfer sind Menschen, die in der Lage sind, sich zu verteidigen. Sie stellen sich einer Herausforderung und strengen sich an, um ihre Ziele zu erreichen. Sie haben die Disziplin, ihre Schwächen zu überwinden. Kämpfer stellen sich ständig selbst auf die Probe und werden dabei immer besser. Das bedeutet aber nicht, dass alle Kämpfer in den Krieg ziehen. «

»Aber wie kann ein Kind ein Kämpfer sein?«, fragte ich. Mir schien, ein Kind konnte unmöglich all das tun, was Onkel Jake aufgezählt hatte.

»Indem es das tut, was ich eben gesagt habe. Kinder verlangen sich normalerweise selbst nicht so viel ab – Warrior Kid schon. Ein normales Kind arbeitet nicht ständig daran, besser zu werden – Warrior Kid schon. Ich denke dabei an deine Probleme, von denen du mir gestern erzählt hast. Warrior Kid würde deswegen nicht weinen, es würde etwas dagegen *tun*.

»Was denn?«

»Das, was notwendig ist. Jedes deiner Probleme ist lösbar. Jedes Einzelne. Du schaffst keine Klimmzüge? Dann trainiere so lange, bis es dir gelingt. Du kannst das Einmaleins nicht? Dann trainiere deinen Verstand, bis du es im Schlaf beherrschst. Du kannst nicht schwimmen? Dann lerne es. Du wirst gemobbt? Dann kämpfe.«

»Kämpfen?«, fragte ich.

»Ja, kämpfen. Es gibt Kampftechniken, und die kannst du erlernen, so wie eine Sportart. Wenn du diese Techniken übst, kannst du dich gegen jeden wehren.«

»Glaubst du wirklich, dass ich das kann?«

»Ich weiß es. Wie ich dir gestern Abend erklärt habe, musste auch ich ein anderer Mensch werden, als ich zur Marine ging. Ich musste stärker werden und kämpfen lernen. Ich musste sogar lernen, wie man lernt. Aber ich habs getan. Und was ich getan habe, kannst du auch. Willst du das? Willst du all deine Probleme lösen?«

»Natürlich!«, schrie ich. Alles, was Onkel Jake gesagt hatte, begeisterte mich. »Wer würde das nicht wollen?«

Dann wurde Onkel Jake richtig ernst. Alles, was nach einem Lächeln aussah, verschwand aus seinem Gesicht. »Aber ich muss dich warnen: Es ist nicht leicht. Es wird härter als alles, was du bisher getan hast. Ich werde dir helfen, aber die Arbeit musst *du* tun. Du musst die Veränderung *wollen.* Dieser Wille muss aus dir selbst kommen. Bist du einverstanden?«

Ich war ein wenig nervös, als er das gesagt hatte. Aber der Gedanke, so viele Probleme zu lösen, führte in meinem Kopf zu einer Art Explosion. »Ja, bin ich.«

»Ich brauche dein Ehrenwort, weil ich meine Zeit nicht vergeuden will. Versprichst du es?« Onkel Jake streckte eine Hand aus.

Ich schlug ein – und das war der stärkste Händedruck meines Lebens. Ich schaute ihm in die Augen und sagte: »Ja, ich verspreche es.«

»Morgen früh fangen wir an«, sagte Onkel Jake ruhig.

Ohne ein weiteres Wort gingen wir durch den Park und zurück nach Hause.

Etwas hatte sich bereits verändert.

KAPITEL 6: DAS PROGRAMM BEGINNT

Oh Mann! Der heutige Tag war einfach verrückt – ja, verrückt! Ich schlief friedlich ein und träumte von einem doppelten Cheeseburger mit Pommes und einem Milchshake in meinem Lieblingsrestaurant, dem *Schlaraffenland.*

Es war ein herrlicher Traum. Das Essen stand schon vor mir und ich wollte eben den ersten Bissen dieses köstlichen doppelten Cheeseburgers verspeisen, als ... *Wumm! Bumm! Wumm! Bumm!* Ein furchtbarer Krach erschreckte mich fast zu Tode. Mein Herz sprang mir beinahe aus der Brust. Ich dachte, Außerirdische wollten mich angreifen, mit kaputten Schlagzeuginstrumenten als Waffen!

Dann hörte ich die Stimme eines außerirdischen Ungeheuers. Es schrie mich an: »Raus aus dem Bett!« Sofort fiel mir etwas Unheimliches auf: Der Außerirdische klang wie Onkel Jake! Klar, du hast es erraten – er *war* Onkel Jake. Er hatte einen Besenstiel und einen Abfalleimer aus Metall in den Händen, schlug mit dem Besenstiel auf den Eimer und schrie: »Steh auf und mach fünfzig Liegestütze!« Ich war völlig verwirrt und dachte immer noch an den doppelten Cheeseburger, den ich in meinem Traum gerade hatte verschlingen wollen. Also sagte ich dem Außerirdischen, dass ich vermutlich nicht mal fünf Liegestütze schaffen würde. Also seien fünfzig *völlig* ausgeschlossen.

Aber Onkel Jake interessierte sich nicht für meinen Cheeseburger oder dafür, wie viele Liegestütze ich schaffte. Er hielt den Eimer an meinen Kopf und schlug *noch lauter* darauf! Ich rollte aus dem Bett und machte neun Liegestütze. Dann fiel ich flach aufs Gesicht.

Als ich mich endlich umschaute, stellte ich fest, dass es draußen noch dunkel war! Ich fragte Onkel Jake nach der Uhrzeit, und er sagte, es sei Zeit loszulegen.

So begann mein Tag. Onkel Jake zeigte mir eine Menge Übungen – und dann musste ich sie nachmachen. Sie hatten komische Namen, die er anscheinend lustig fand, weil er breit grinste. Hampelmann, Liegestütz-Sprung, Diamant-Liegestütz, Sturzbomber-Liegestütz, Superman, Klappmesser. Aber eines kann ich dir sagen: Obwohl diese Namen lustig klingen, sind sie überhaupt nicht witzig. Sie tun sogar weh! Aber bei Onkel Jake sahen sie so einfach aus.

Dann testete er mich. Ich musste innerhalb von zwei Minuten so viele Kniebeugen, Liegestütze und Rumpfbeugen machen, wie ich konnte. Zwischendurch durfte ich eine Minute Pause machen. Ich schaffte dreiundzwanzig Kniebeugen, vierzehn Liegestütze und achtzehn Rumpfbeugen. Dann machte Onkel Jake die gleichen Übungen: hundertvier Kniebeugen, hundertacht Liegestütze und hundertzweiundzwanzig Rumpfbeugen!

Ich gestand ihm, ein Schwächling zu sein. Aber er erklärte mir, ich sei nur jetzt schwach, weil ich keine Übung hätte. »Damit dein Körper stark wird«, sagte er, »musst du ihn trainieren.« Dann fügte er hinzu, das Training habe bereits mit dem frühen Aufstehen und mit dem »Loslegen« begonnen. Ich fragte, ob wir nicht ein wenig später anfangen könnten, vielleicht zu einer vernünftigeren Zeit.

Onkel Jake sagte: »Auf keinen Fall.« Wer sich richtig ins Zeug legen wolle, müsse früh aus den Federn.

Ich fragte, ob er von nun an jeden Tag auf dem Mülleimer trommeln wolle.

»Nein«, sagte er, »nicht wenn du rechtzeitig aufstehst. Dann ist der Eimer nicht notwendig.«

Mir blieb also nichts anderes übrig als entweder früh aufzustehen oder einen Trommelwirbel an meinen Ohren auszuhalten!

Ich war mir nicht sicher, ob mir dieses Programm gefiel. Aber eines muss ich zugeben: Nach all diesen Übungen am

Morgen ging es mir tatsächlich besser. Ich fühlte mich wach und fit, als ob ich mehr Energie hätte. Obwohl das frühe Aufstehen und das Training ganz schön hart waren, gefiel es mir, dass ich mich danach den ganzen Tag gut fühlte. Es lohnte sich!

KAPITEL 7: DER KRIEGER-KODEX

Nach ein paar Tagen gewöhnte ich mich sogar daran, so früh aufzustehen. Vom dritten Tag an hörte ich die Eimertrommel nicht mehr – ich wachte jeden Tag von selbst auf! Toll. Heute, nach dem Morgentraining, hatten Onkel Jake und ich ein ziemlich ernstes Gespräch.

»Was meinst du, bist du schon ein Warrior Kid?«, fragte er.

»Könnte sein«, sagte ich.

»Warum glaubst du das?«

»Na ja, ich wache jeden Tag früh auf und mache alle Übungen, die du mir zeigst.«

»Und das macht dich zum Warrior Kid?«

»Vielleicht«, sagte ich. Aber mir war eigentlich schon klar, dass mehr dazu gehörte.

»Falsch!«, unterbrach mich Onkel Jake. »Es gehört viel mehr dazu, ein Warrior Kid zu sein, als früh aufzustehen und zu trainieren. Sehr viel mehr! Was ist deiner Meinung nach am wichtigsten für einen Krieger?«

»Dass er gegen den Feind kämpft?«, fragte ich und hoffte auf ein paar spannende Kriegsgeschichten.

»Das ist wichtig«, sagte Onkel Jake. »Aber es ist nur ein Teil seiner Aufgaben. Was noch?«

»Dass er beim Militär ist?«

»Auch das ist möglich. Aber es ist nicht das Wichtigste. Hast du noch eine Idee?«

»Nein, Onkel Jake. Ich steh auf dem Schlauch.«

»Es ist ein Kodex, der speziell für Krieger gilt.«

»Ist das eine Geheimsprache?«, fragte ich.

»Nein.« Onkel Jake lachte. »Das ist keine Geheimsprache. Es sind die Regeln, die für Krieger gelten. Die Regeln, die sie und ihre Kameraden einhalten.«

»So wie Gesetze?«, fragte ich.

»Nicht ganz. Gesetze gelten für alle. Sie sorgen für Ordnung. Den Krieger-Kodex setzt nicht die Polizei durch. Du musst ihn selbst befolgen. Er sorgt dafür, dass du auf dem richtigen Weg durchs Leben gehst.«

»Was ist dann dieser Kodex? Welche Regeln enthält er?«

»Verschiedene Kriegergruppen haben verschiedene Regeln, je nach Kultur, Zeit und Gesellschaft.«

»Welcher Kodex ist der Beste?«

»Sie sind alle unterschiedlich. Du musst sie dir selbst ansehen. Lies sie durch. Versuch, die verschiedenen Regeln zu verstehen. Und stell dir dann einen eigenen Kodex zusammen, nach dem du leben kannst.«

»Okay. Wo finde ich sie?«

»Ich gebe dir ein paar, wenn wir zu Hause sind.«

Als wir wieder im Haus waren, zog Onkel Jake einen alten Aktenordner hervor, reichte ihn mir und sagte nur: »Lies.«

»Das mache ich sofort.«

Ich ging in mein Zimmer und öffnete den Ordner. Er enthielt eine Menge Papier unterschiedlicher Art und Größe. Einige Seiten waren Fotokopien, andere von Hand beschrieben. Und das sind einige Kodizes, die ich darin gefunden habe:

Der SEAL-Kodex

- Sei deinem Land, deinem Team und deinen Kameraden gegenüber treu.
- Sei im Dienst ehrenhaft und anständig, auf dem Schlachtfeld und außerhalb.
- Sei bereit, zu führen und zu gehorchen und gib niemals auf.
- Übernimm die Verantwortung für das, was du tust und was deine Kameraden tun.
- Zeichne dich durch Disziplin und gute Ideen als Krieger aus.
- Trainiere für den Krieg, kämpfe für den Sieg, besiege die Feinde unseres Landes.
- Verdiene deinen Dreizack jeden Tag.

Die Wikinger-Gesetze

- Sei tapfer und angriffslustig
  - Sei aufrichtig
  - Nutze alle Chancen
  - Wende verschiedene Angriffsmethoden an
  - Sei gewandt und vielseitig
  - Konzentriere dich auf ein Ziel nach dem anderen
  - Plane nicht alles in allen Einzelheiten
  - Verwende erstklassige Waffen

- Bereite dich vor
  - Achte darauf, dass deine Waffen in gutem Zustand sind
  - Bleibe in Form
  - Suche dir gute Kampfgefährten
  - Sprich dich mit ihnen über wichtige Punkte ab
  - Wähle *einen* Anführer

- Sei ein guter Händler
  - Finde heraus, was auf dem Markt gefragt ist
  - Versprich nichts, was du nicht einhalten kannst
  - Verlange nicht zu viel
  - Verhalte dich so, dass du zurückkehren kannst

- Halte das Lager in Ordnung
  - Achte auf Sauberkeit und Ordnung
  - Organisiere Freizeitaktivitäten, welche die Gruppe stärken
  - Achte darauf, dass jeder eine sinnvolle Arbeit verrichtet
  - Frage alle Mitglieder der Gruppe um Rat

Grundsätze der US-Ranger

- Ich habe mich freiwillig als Ranger beworben, und ich kenne die Gefahren meines gewählten Berufes. Ich werde mich immer bemühen, das Ansehen, die Ehre und den Kameradschaftsgeist meines Ranger-Regiments zu bewahren.

- Mir ist bewusst, dass ein Ranger ein Elitesoldat ist, der zu Lande, zu Wasser oder in der Luft an vorderster Front kämpft. Ich akzeptiere die Tatsache, dass mein Land von mir erwartet, weiter und schneller vorzurücken und härter zu kämpfen als jeder andere Soldat.

- Ich werde niemals meine Kameraden im Stich lassen. Ich werde immer geistig wach, körperlich stark und moralisch gefestigt sein, und ich werde mehr als nur meine Pflicht tun, mehr als hundert Prozent geben, einerlei, welche Aufgabe ich habe.

- Ich werde der Welt durch meine Tapferkeit zeigen, dass ich ein besonders ausgewählter und gut ausgebildeter Soldat bin. Durch meine Höflichkeit gegenüber Vorgesetzten, meine einwandfreie Kleidung und die Pflege meiner Ausrüstung werde ich anderen ein Beispiel sein.

- Ich werde die Feinde meines Landes tatkräftig bekämpfen. Ich werde sie auf dem Schlachtfeld besiegen, weil ich besser ausgebildet bin, und ich werde mit all meiner Kraft kämpfen. Das Wort Kapitulation wird von Rangern nicht benutzt. Ich werde nie einen gefallenen Kameraden in den Händen des Feindes lassen und werde mein Land unter keinen Umständen beschämen.

- Ich werde bereitwillig die innere Stärke aufbringen, die notwendig ist, um das Ziel der Ranger zu erreichen und den mir gestellten Auftrag zu erfüllen, selbst wenn ich der einzige Überlebende sein sollte.

Ranger voran!

Die Grundwerte der Marine-Infanterie der USA

Ehre: Sie ist die Grundlage unseres Charakters, die Eigenschaft, die den Marines die Kraft gibt, ein ethisches und moralisches Vorbild zu sein. Das heißt, sie sollen nie lügen, betrügen oder stehlen; unter allen Umständen aufrichtig sein; die Menschenwürde achten; einander respektieren und unterstützen. Ehre bedeutet Reife, Hingabe, Vertrauen und Zuverlässigkeit. Marines übernehmen die Verantwortung für ihr Handeln, erfüllen ihre Pflicht und ziehen andere für deren Handeln zur Rechenschaft.

Mut: Er ist das Herz unserer Grundwerte, die mentale, moralische und körperliche Stärke, die uns befähigt, die Herausforderungen des Kampfes zu bewältigen, Furcht zu überwinden und zu tun, was richtig ist, strenge Maßstäbe an das eigene Verhalten anzulegen, durch das eigene Beispiel zu führen und auch unter Belastung und Druck schwere Entscheidungen zu treffen. Mut ist die innere Stärke, die Marinesoldaten befähigt, einen Schritt weiter zu gehen als andere.

Einsatzbereitschaft: Das bedeutet Entschlossenheit und Hingabe der Mitglieder einer Armee, die zu professionellem Verhalten und zur Meisterung der Kriegskunst führt, höchste Disziplin der Einheit und des Einzelnen. Einsatzbereitschaft ermöglicht Hingabe – 24 Stunden am Tag – an das Korps und an das Land, Stolz, die Unterstützung anderer und die unermüdliche Entschlossenheit, bei jeder Aufgabe das Beste zu geben. Sie macht den Marinesoldaten zu einem Krieger und Staatsbürger, dem andere nacheifern.

Krieger-Ethos der US-Armee

Ich räume meinem Auftrag immer Vorrang ein.
Ich akzeptiere keine Niederlage.
Ich gebe niemals auf.
Ich werde nie einen gefallenen Kameraden zurücklassen.

Die sieben Tugenden des japanischen Bushido (Samurai-Kodex)

* Aufrichtigkeit
* Respekt
* Heldenhafter Mut
* Ehre
* Mitgefühl
* Ehrlichkeit und Aufrichtigkeit
* Pflichtgefühl und Treue

Der Kodex der Ritter des Mittelalters

- Fürchte Gott und schütze seine Kirche.
- Diene dem Lehnsherrn tapfer und treu.
- Schütze die Schwachen und Waisen.
- Beleidige niemanden mutwillig.
- Lebe ehrenhaft und für den Ruhm.
- Verachte Lohn in Geld.
- Kämpfe für das Wohl aller.
- Gehorche der Obrigkeit.
- Schütze die Ehre deiner Ritterkameraden.
- Scheue Ungerechtigkeit, Gemeinheit und Verrat.
- Bewahre deinen Glauben.
- Sprich stets die Wahrheit.
- Führe bis zum Ende durch, was du begonnen hast.
- Achte die Ehre der Frauen.
- Lehne nie eine Herausforderung durch einen Gleichwertigen ab.
- Wende einem Feind nie den Rücken zu.

Das alles war supercool. Ich wusste, dass ich über Onkel Jakes Worte nachdenken und meinen eigenen Krieger-Kodex zusammenstellen musste. Zunächst überlegte ich, was er enthalten sollte und was es bedeuten würde, nach einem solchen Kodex zu leben.

KAPITEL 8: EIN STARKES GESCHENK

Heute Morgen stand ich auf, als mein Wecker zu der neuen, ungewohnten Zeit klingelte – »in aller Herrgottsfrühe«, wie Onkel Jake sagt. Natürlich war er nicht im Zimmer. Er war schon irgendwo draußen und trainierte. Ob er überhaupt schläft? Ich sehe ihn abends nie zu Bett gehen und morgens nie aufstehen. Sein Bett ist immer gemacht. Darum überraschte es mich nicht weiter, dass er nicht im Zimmer war. Aber was dann geschah, erstaunte mich schon.

»Steh auf!«, schrie Onkel Jake, als er ins Zimmer platzte.

»Ich bin schon auf!«, sagte ich.

»Dann komm. Ich habe ein Geschenk für dich.«

»Ein Geschenk?« Mir war schon klar, dass ich nichts Normales erwarten durfte. Ich war sogar auf etwas Schmerzhaftes gefasst!

»Ja, eine Kleinigkeit für dich«, sagte Onkel Jake, als wir hinaus und durch den Garten zur Garage gingen. Was in aller Welt hatte er dort versteckt? Vielleicht ein neues Fahrrad? Einen Gokart? Nein, ich wusste schon, dass es etwas, na ja, »Praktisches« sein würde.

Er öffnete die Garagentür und ich ging hinein. Ich schaute mich um. Nichts.

»Was?«, fragte ich ihn.

»Was?«, erwiderte er.

»Was ist es?«, fragte ich. Ich sah immer noch nichts Neues in der Garage.

»Schau nach oben«, sagte Onkel Jake mit breitem Grinsen.

Langsam hob ich den Blick. Ich hatte keine Ahnung, was mich erwartete. Dann sah ich sie. Sie starrte mich an. Eine Klimmzugstange.

»Na, wie findest du sie?«, fragte mich Onkel Jake.

Es war eine komisch aussehende – und etwas beängstigende –, dicke Metallstange, an zwei solide Holzstücke geschraubt.

»Das habe ich gemacht, während du geschlafen hast.«

Eigentlich hätte ich mich freuen müssen. Oder »Danke« sagen müssen. Aber ich hatte Angst und ich war nervös und beschämt, weil ich wusste, dass ich keinen einzigen Klimmzug schaffte. Und jetzt stand ich mit Onkel Jake in der Garage und er würde gleich sehen, wie schwach ich wirklich war!

Während mir all diese schrecklichen Gedanken durch den Kopf gingen, sprang Onkel Jake hoch und machte fünfundzwanzig Klimmzüge, als ob das gar nichts wäre. »Das ist eine gute Stange«, erklärte er mir. »Probier sie aus. Hier ...« Er hatte eine kleine Kiste für mich gebaut, auf die ich steigen konnte, um die Stange zu erreichen. Er schob die Kiste unter die Stange und sagte: »Geh rauf und zeig mir, was du kannst.«

Es kam mir vor, als wäre ein Jahr vergangen, als ich auf der Kiste stand und langsam die Arme nach der Stange ausstreckte. Ich packte sie. Sie war viel dicker als die Klimmzugstange in der Schule, sodass es *noch* schwerer war, sich an ihr festzuhalten. Dann, genau wie am letzten Schultag, strengte ich mich so sehr an, wie ich konnte..., aber nichts geschah. Ich probierte es noch einmal und grunzte sogar ein bisschen, um Onkel Jake zu beweisen, dass ich mich richtig ins Zeug legte. Aber auch das Grunzen half nicht viel. Onkel Jake stand da und schaute zu. Ein paar Sekunden später konnte ich mich nicht mehr halten und rutschte ab.

»Tut mir leid, Onkel Jake«, sagte ich. Ich schämte mich für meine Kraft – besser gesagt, für die nicht vorhandene Kraft.

»Es muss dir nicht leid tun«, erwiderte er. »Das macht dich auch nicht stärker. Also, wir tun jetzt Folgendes …« Er holte eine andere Kiste, die er ebenfalls gebaut hatte und die höher war als die erste, und schob sie unter die Stange. »Steig rauf, pack die Stange und spring hoch, bis sich dein Kinn darüber befindet. Dann hältst du dich dort fest, solange du kannst. Wenn es nicht mehr geht, lässt du dich so langsam wie möglich wieder sinken.«

Ich befolgte seine Anweisungen. Ich packte die Stange, sprang hoch und brachte das Kinn darüber. Dann hielt ich mich ein paar Sekunden lang oben, bis es nicht mehr ging, und ließ mich ganz langsam wieder hinunter.

Kaum hatten meine Füße die Kiste berührt, rief Onkel Jake: »Und jetzt dasselbe noch mal!« Gesagt getan. Beim zweiten Mal waren meine Muskeln schon müde; darum konnte ich mich nicht so lange oben halten wie vorher, und ich ließ mich schneller sinken. »Noch einmal!«, schrie Onkel Jake. Auch das tat ich. Und noch einmal. Und noch einmal. Zum Schluss, als ich kaum noch über die Stange kam und mich fast sofort wieder fallen ließ, sagte Onkel Jake: »Okay. Mach eine Pause. Als ich in die Marine eintrat, brachte ich mit Mühe sieben Klimmzüge zustande. Aber man verpasste mir ein Trainingsprogramm und ich hielt mich daran – bis heute. Jetzt schaffe ich siebenundvierzig ziemlich mühelos. Willst du wissen, wie du gut werden kannst?«

»Wie?«

»Indem du Klimmzüge machst! Wenn der Sommer vorbei ist, schaffst du *mindestens* zehn. Zehn hintereinander, wenn du wieder in die Schule gehst. Wie hört sich das an?«

Ich war begeistert. Ich würde zehn Klimmzüge schaffen! Und nicht mehr die Lachnummer meiner Klasse sein. »Das hört sich toll an!«, sagte ich.

»Gut, dann vergiss nicht, dass die Klimmzüge sich nicht selbst machen. Du musst sie dir *verdienen*, mit harter Arbeit und Ausdauer. Hast du das verstanden?«

»Ich habs kapiert.« Ich hatte es wirklich kapiert. Es würde hart werden – aber es lohnte sich.

»Also, dann kommt der nächste Durchgang!«, bellte Onkel Jake. Ich stieg wieder auf die Kiste, packte die Stange und sprang immer wieder hoch – auf dem Weg zu meinen zehn richtigen Klimmzügen.

KAPITEL 9: DIE VERRÜCKTE ACHT

Heute habe ich eine Menge gelernt. Das Erste, was ich lernte, war etwas über »Wissen«. Bisher war fast alles, was Onkel Jake mir über Krieger beigebracht hat, genau das, was du erwartest. Sie müssen zum Beispiel stark sein, um kämpfen zu können. Alle wissen das.

Aber eines wissen viele Leute nicht, und ich wusste es ganz bestimmt nicht: Ein Krieger muss auch schlau sein. Onkel Jake erklärte mir, was ein Soldat alles wissen musste:

1. Ein Liter Wasser wiegt ein Kilo und ein Mensch braucht im Durchschnitt knapp zwei Liter Wasser am Tag, um zu überleben. Soldaten müssen das wissen, damit sie bei einem Einsatz genügend Wasser mitnehmen. Cool!

2. Krieger können Karten lesen, damit sie wissen, wo sie sind und wie sie ihr Ziel erreichen.
3. Krieger müssen eine Menge über Elektronik wissen. Zum Beispiel, wie man Satellitenfunk benutzt. Wusstest du, dass sich die Satelliten, die dafür notwendig sind, in einer »geosynchronen« Umlaufbahn um die Erde befinden? Sie schweben in einer Höhe von etwa 40000 Kilometern über der Erde und bleiben immer am selben Ort. Wow, unglaublich!
4. Krieger müssen die Geschichte kennen, um zu lernen, was in früheren Kriegen von Nutzen war und was nicht. Wusstest du schon, dass es immer besser ist, sich auf höherem Terrain als der Feind zu befinden? Es stimmt tatsächlich!
5. Krieger lernen Sprachen, damit sie sich mit Menschen in anderen Ländern unterhalten können. Wusstest du, dass »Hallo« auf Suaheli *hujambo* heißt? Diese Sprache wird in

Kenia und in einigen anderen Teiles Afrikas gesprochen. Verdammt cool!

6. Das Wichtigste kommt zum Schluss: Die beste Waffe eines Kriegers ist sein Verstand. Er muss herausfinden, wie er den Feind besiegen kann, wie er ihn überraschen kann, wie er dort angreifen kann, wo der Feind schwach ist, wie er schlauer als der Feind sein kann. Das gelingt dir nur, wenn du schlau bist!

Krieger sind schlau. Das heißt, sie müssen viel lernen. Oh, oh! Ich weiß, was du jetzt denkst. Ich habe ja schon zugegeben, dass ich überhaupt nicht schlau bin. Wie gesagt habe ich ein schreckliches Schuljahr hinter mir. Ich beherrsche das Einmaleins immer noch nicht!

Aber warte mal! Heute habe ich etwas gelernt, etwas sehr Wichtiges. Ich habe gelernt, wie man lernt. Als ich Onkel

Jake sagte, ich sei nicht gerade schlau, lachte er. Er sagte, er sei in der Schule auch nicht gut gewesen. Er habe Schule einfach nicht für wichtig gehalten. Aber als er in der Marine war, wurde ihm klar, dass er eine Menge Zeug lernen musste. Zum Glück brachte ihm einer seiner Lehrer im Ausbildungslager bei, wie man lernt.

Onkel Jake fragte mich, welche Zahl im Einmaleins für mich die schwierigste sei. Das war die Acht. Dafür gibt es einfach keine Eselsbrücken oder etwas Ähnliches. Sie ist einfach verrückt! Verrückte Acht.

Onkel Jake ging zu Mamas Schreibtisch und brachte ein paar Karteikarten mit. Er sagte, ich solle daraus Lernkarten machen. Ich sagte ihm, ich hätte in der Schule bereits Lernkarten bekommen. »Die taugen nichts«, sagte er. »Du musst sie selbst machen.«

Also fing ich an. Ich schrieb das Problem auf die eine Seite und die Antwort auf die andere: 1 × 8 = 8. 2 × 8 = 16. 3 × 8 = 24. 4 × 8 = 32. 5 × 8 = 40. Bis zu 13 × 8. Ich sagte Onkel Jake, wir müssten nicht wissen, was 13 × 8 ist. Aber das war ihm egal. Ich hatte keine Ahnung, was 13 × 8 ist. Er wollte, dass ich es herausfinde. Also addierte ich dreizehn Achten, bis ich 104 erhielt. Dann musste ich neue Lernkarten beschreiben, diesmal mit der Acht zuerst: 8 × 1 = 8. 8 × 2 = 16. Bis 8 × 13 = 104. Und als ich bei 8 × 13 war, erinnerte ich mich daran, dass das Ergebnis 104 war. Warte mal! Ich glaube, jetzt habe ich etwas gelernt.

Als ich fertig war, hob Onkel Jake den Kartenstapel auf, mischte die Karten und begann sie mir vors Gesicht zu halten, eine nach der anderen. Wenn ich die Lösung leicht fand, legte er sie im Stapel ganz nach unten. Wenn ich die Antwort nicht kannte, musste ich sie herausfinden, indem ich Achten addierte; dann steckte er die Karte nur ein Stückchen tiefer, damit ich sie bald wiedersehen würde. Wenn sie das nächste Mal drankam, zum Beispiel 8 × 7, erinnerte ich mich ein wenig besser daran, dass die Antwort 56 war. Dann steckte er die Karte wieder etwas tiefer in den Stapel.

Später, wenn ich eine Karte *wirklich* im Kopf hatte, legte

er sie auf einen separaten Stapel auf dem Schreibtisch. Das bedeutete, dass ich die Antwort kannte.

Nach etwa fünfzehn Minuten befand sich jede Karte auf dem »Weiß-ich-Stapel«.

Jetzt nahm er diesen Stapel und wir gingen ihn erneut durch. Alle meine Antworten waren richtig, jede Einzelne!

»Siehst du«, sagte Onkel Jake. »Du bist nicht doof. Du musst nur deinen Grips benutzen.«

»Was heißt das?«, fragte ich ihn.

»Das heißt, du musst hart arbeiten. Konzentriert. Gib hundert Prozent. Weißt du, niemand wird mit dem Einmaleins – oder mit etwas anderem – im Kopf geboren! Du musst lernen, und zwar alles. Das bedeutet, so lange richtig zu studieren und zu arbeiten, bis du es weißt. Natürlich fällt das manchen Menschen leichter als anderen.«

Dann erklärte er mir, jeder Mensch sei in manchen Dingen gut und in anderen nicht. Manche Kinder schaffen mehr Klimmzüge. Manche Leute sind sogar von Natur aus in allem gut. Er sagte auch, ich sei von Natur aus gut im Zeichnen. Da er einige meiner Bilder aus der Schule und andere Zeichnungen gesehen hatte, fragte er mich, ob ich viel üben müsse, um so gut zeichnen zu können. Als ich nein sagte, meinte er, ich sei eben ein Naturtalent. Dann fügte er hinzu, fast alle Menschen könnten in fast allem gut sein – vorausgesetzt, sie arbeiten daran.

Er hatte recht. Ich war elf Jahre alt und hatte mich nie ernsthaft mit dem Einmaleins beschäftigt. Ich dachte, ich könnte es machen wie mein Freund Joshua. Er beherrschte das Einmaleins anscheinend, sobald er es gesehen hatte. Und ich ging davon aus, so müsse es auch bei mir sein. Aber das funktioniert nicht. Man muss hart arbeiten, um etwas zu lernen.

Das war das Letzte, was ich heute gelernt habe. Ich bin nicht doof. Eigentlich bin ich sogar ziemlich schlau. Ich habe die Achterreihen in etwa zwanzig Minuten einwandfrei gelernt. Ich muss einfach nur daran arbeiten.

KAPITEL 10: JIU-JITSU

Heute nahm mich Onkel Jake zu einem Jiu-Jitsu-Kurs mit. Er wurde in einem Studio namens Victory MMA abgehalten. MMA ist Englisch und bedeutet *Mixed Martial Arts* (Gemischte Kampfkünste). Dabei gehen Männer in einen großen Käfig und kämpfen gegeneinander. Ich konnte kaum glauben, worauf ich mich da einließ, und hielt mich fast schon für tot.

Das Victory sah echt cool aus, aber auch ganz schön gruselig! Überall hingen Sandsäcke und es gab zwei Boxringe und einen richtigen Kampfkäfig, genau wie im Fernsehen.

Im ersten Stock lagen Matten auf dem Boden. Im Grunde war der ganze Fußboden eine riesige Matte. Sogar an den Wänden waren Matten angebracht! An dem Jiu-Jitsu-Kurs, den Onkel Jake für mich ausgesucht hatte, nahmen ungefähr fünfzehn Kinder teil. Sie sahen nicht gerade kämpferisch aus. Einige waren größer, andere kleiner als ich. Auch der Lehrer wirkte nicht so, wie ich ihn mir vorgestellt hatte – nicht wie ein gewaltiger Superheld. Eigentlich war er nicht besonders groß und sah aus wie ein ganz normaler Mann. Er rief mich zu sich auf die Matte.

»Komm her, Junge!«, sagte er mit einer Stimme, die keinen Zweifel daran ließ, dass es ratsam war, ihm zu gehorchen.

Onkel Jake füllte ein paar Formulare aus; also machte ich einen Schritt auf die Matte. »Stopp!«, schrie er mich an. »Zieh die Schuhe aus, Kleiner! Keine Schuhe auf der Matte!«

Ich setzte mich auf die Bank und streifte die Schuhe ab. Dann ging ich auf die Matte. »Stellt euch in einer Reihe auf«, befahl der Lehrer mit strenger Stimme.

»Wir üben den Takedown. Die Sieger bleiben, die Verlierer gehen raus. Zwei Paare. Fangt an.«

Zwei Paare gingen auf die Matte. Die anderen blieben in einer Reihe an der Wand stehen. Der Lehrer schrie: »Los!« und jeweils zwei der Kids klatschten die Hände aneinander und fingen dann an zu kämpfen. Aber sie boxten nicht. Sie packten den Gegner an den Armen oder Handgelenken und stießen ihn mit dem Kopf. Auf einmal ergriff einer den Gegner blitzschnell an den Beinen und warf ihn auf die Matte. Ich kapierte, dass das ein »Takedown« war. Wer auf den Boden geworfen wurde, musste sich am Ende der Reihe wieder einordnen. Der Sieger blieb auf der Matte und kämpfte gegen das nächste Kind in der Reihe.

Bald war ich dran – und ich war ganz schön nervös. Aber ich sollte gegen einen Jungen kämpfen, der kleiner war als ich. Den würde ich bestimmt auf den Boden werfen, dachte ich. Ich ging auf die Matte und wir gaben uns die Hände. Er sagte, er heiße Thor. »Wirklich?« Er bestätigte es. »Das ist dein richtiger Name?«, fragte ich erneut. Wieder sagte er Ja. Er hieß also tatsächlich Thor! Ich nannte ihm meinen Namen. Jetzt, als wir uns gegenüberstanden, war er noch kleiner, als ich gedacht hatte, und auf jeden Fall kleiner als der Thor in den Comic-Heften. Er fragte, ob ich bereit sei. Ich nickte, wir klatschten die Hände aneinander und begannen mit dem Kampf. Zu meiner Überraschung legte er mir eine Hand aufs Gesicht. Ich blinzelte, und innerhalb eines Sekundenbruchteils war Thor unter mir, packte mich an den Beinen und warf mich in die Luft. Er brauchte etwa eine Sekunde, um mich auf die Matte zu befördern. Obwohl er kleiner war als ich!

Ich ging ans Ende der Reihe. Der nächste Junge, gegen den ich antrat, war größer als ich. Wir klatschten einander ab und dieses Mal behielt ich die Hände oben am Kopf, um ihn von meinem Gesicht fernzuhalten. Er packte mich am Handgelenk und begann, es nach unten zu ziehen. Als ich versuchte, die Hand wieder nach oben zu bekommen, ließ er sie los und griff nach meinen Beinen. Wumm! Wieder lag ich auf dem Boden!

Bei der nächsten Runde schaute Onkel Jake zu. Wieder wurde ich auf den Boden geschmettert. Und noch einmal. Und noch einmal. Von großen Kids, von kleinen, und von welchen, die so groß waren wie ich. Obwohl es schwer war und ich nicht gern verlor, war es auch echt super. Diese Kids wussten, wie man kämpft. *Sie* wussten, wie man siegt. *Sie* hätten sogar König Kenny auf den Boden geknallt. Nicht, weil sie groß oder stark waren, sondern weil sie etwas *wussten*. Sie hatten diese Technik gelernt und konnten sie anwenden. Und ich kann sie ebenfalls erlernen.

Die nächste Übung hieß »Grappling«. Das bedeutete, dass wir nach einem Takedown versuchen mussten, am Boden weiterzukämpfen. Nicht mit Boxen oder Treten, sondern mit Grifftechniken und mit »Jiu-Jitsu«. Das sah anders aus als

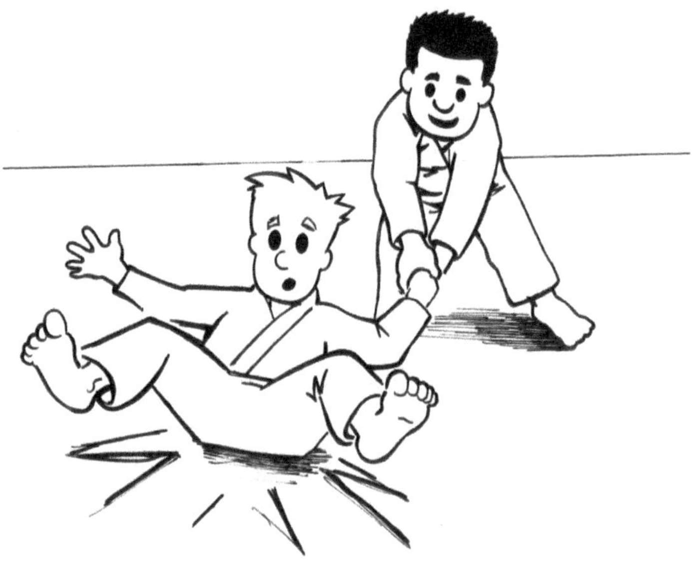

die anderen Kampfsportübungen, die ich bisher gesehen hatte. Wir standen nicht in einer Reihe und traten mit den Füßen in die Luft. Nein, wir mussten richtig kämpfen.

Das Erste, was ich lernte, war, dass ich gar nichts über das Kämpfen wusste. Sobald du beim Jiu-Jitsu auf dem Boden landest, versucht dein Gegner, dich zur Aufgabe zu zwingen. Das nennt man auch »Abklopfen«. Meist packten sie mich am Arm oder am Handgelenk oder an der Schulter und brachten mich in eine unangenehme Lage. Es tat aber nur ein bisschen weh. Dann klopfte ich ab und sie ließen mich los.

Ich konnte kaum glauben, wie gut sie waren. Und auch nicht, wie leicht mich sogar die kleineren Kids zum Abklopfen zwingen konnten!

Auch dies lag nur an ihrem Können. Sie hatten Jiu-Jitsu gelernt und darum konnten sie den Kampf selbst gegen größere Gegner gewinnen. Genau das brauchte ich, um Kenny gewachsen zu sein!

Mein erster Jiu-Jitsu-Abend war also eine Blamage: anstrengend, ein wenig schmerzhaft, peinlich und absolut fantastisch, weil ich zum ersten Mal in meinem Leben begriff, dass ich eine Technik erlernen konnte, mich und meine Freunde gegen Typen wie Kenny zu verteidigen. Das war Freiheit!

KAPITEL 11: WASSERSCHEU

Heute hatte ich Angst zu sterben. Genauer gesagt zu ertrinken! Onkel Jake weiß, dass ich Wasser gar nicht mag. Aber er will, dass ich schwimmen lerne. Er sagt, zwei Drittel der Erde seien von Wasser bedeckt. Ich erwiderte, meine ganze Umgebung sei Land. Aber er hatte recht. Voriges Jahr am Mount Tom war es mir peinlich, weil ich bei keinem Spiel mitmachen und den Ausflug überhaupt nicht genießen konnte. Ich saß nur am Ufer. Morgens war das noch ganz in Ordnung, aber gegen Mittag wurde es furchtbar heiß. Ich schwitzte. Alle anderen hüpften ins Wasser, um sich abzukühlen. Sie legten Mutproben ab und spielten Haie und Karpfen und Wasser-Fangen. Und was tat ich? Ich saß in der Sonne, schwitzte und bekam einen Sonnenbrand. Bäh!

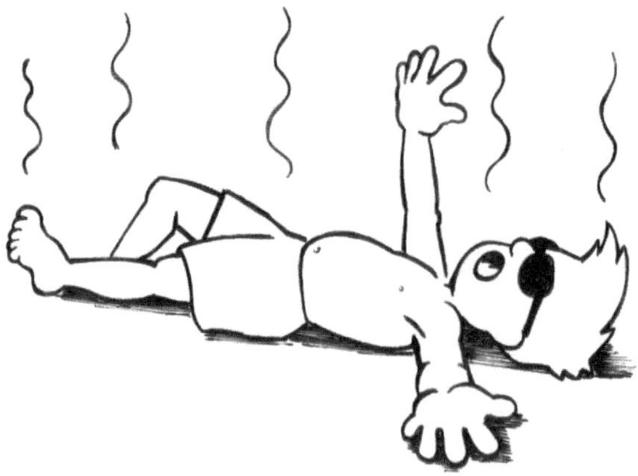

Das Problem war, dass ich trotz der großen Hitze Angst hatte, ins Wasser zu gehen. Ich habe nie schwimmen gelernt. Einmal, als ich ungefähr vier Jahre alt war, fiel ich in einen Karpfenteich. Er war nicht sehr groß, aber groß genug, wenn man vier ist. Jedenfalls stand ich da, betrachtete die Fische und beschloss, einen Schritt ins Wasser zu gehen. Ich wusste nicht, dass ein Fischteich eine Art riesige Müslischale aus Plastik ist, die man in eine Grube im Boden setzt. Das Plastik war glitschig. Kaum war ich drin, rutschte ich aus – und schon war ich ganz unter Wasser.

Mama sagt, man habe mich sofort rausgezogen, aber mir kam es wie eine Ewigkeit vor. Unter Wasser war ich total hilflos. So wollte ich mich nie wieder fühlen und darum habe ich von diesem Tag an das Wasser gemieden. Ich habe Angst davor. Onkel Jake bezeichnet das als Phobie. Genau das ist mein Problem.

Darum war der heutige Tag so toll. Onkel Jake brachte mich an einen Ort namens Bird Bridge. Das ist eine Brücke über einem Fluss mit langsamer Strömung. Wenn es heiß ist, gehen viele ältere Kinder dorthin, hängen am Ufer ab oder springen rein und schwimmen. Der Fluss führt durch den Wald. An einem Ufer gibt es einen kleinen Strand, am anderen nur eine Böschung. Ich war ganz aufgeregt, als wir hinfuhren. Während der Autofahrt fürchtete ich mich überhaupt nicht vor dem Wasser. Vielleicht deshalb, weil

Onkel Jake bei mir war oder weil er mir erklärt hatte, dass ich schwimmen lernen soll, und weil ich das kapiert hatte.

Aber dann waren wir am Fluss. Kaum blieb das Auto stehen, begann mein Herz, laut zu klopfen. Ich betrachtete den Fluss. Das Wasser war dunkel. Es sah schwarz aus – wie der Karpfenteich, in dem ich fast gestorben war, nur größer!

Onkel Jake merkte, dass ich Angst hatte. Er beruhigte mich und sagte, ich müsse nicht reingehen, wenn ich nicht will. Jetzt kam ich mir wie ein Versager vor. Ich war ein Angsthase und ein Verlierer!

Onkel Jake zog sein Hemd aus und sprang ins Wasser. Er schwamm ans andere Ufer und wieder zurück. Dann verschwand er unter der Wasseroberfläche. Er war einfach weg. Ich wartete. Und wartete. Langsam wurde ich nervös. Dann geriet ich in Panik. Ich war mir sicher, dass er am Ertrinken war. Er hatte sich in einer Schlingpflanze verfangen, oder ein Fisch oder ein Ungeheuer hatte ihn gepackt. Ich wusste, dass er ertrinken würde!

Dann tauchte er lachend auf und schwamm ans Ufer. Er forderte mich auf, hinunter ans Wasser zu kommen und in den Fluss zu waten. Ich fragte ihn, ob er mich etwa ins Wasser schubsen wolle, aber er versprach, das nicht zu tun. Er erklärte mir, Menschen hätten meist Angst vor Dingen, die sie nicht verstehen. Ich müsse begreifen, dass das Wasser mir nichts tun würde, wenn ich es respektiere und wenn ich lerne, mich darin zu bewegen. Also ging ich hinunter und tauchte die Füße ein. Onkel Jake ermunterte mich, ein wenig weiter zu gehen. Dann noch ein bisschen weiter.

Als ich ins Wasser watete, deutete Onkel Jake zur Brücke hinauf. »Wenn die Ferien zu Ende sind, kannst du von dieser Brücke springen und ans andere Ufer und zurück schwimmen.«

»Ich weiß nicht, Onkel Jake«, sagte ich. »Diese Brücke ist hoch und du hast vielleicht vergessen, dass ich gar nicht schwimmen kann!«

HUUJAH!

Onkel Jake stieg aus dem Wasser, kletterte auf die Brücke, schrie »Huujah!« und sprang hinunter.

»Das sieht doch aus, als würde es Spaß machen, oder?«, sagte er, als er wieder auftauchte.

Das musste ich zugeben.

»Nach den Sommerferien kannst du das auch.«

Inzwischen stand ich ganz gemütlich bis zu den Knien im Wasser. Es war gar nicht so schlimm.

Dann sagte Onkel Jake: »Okay, es ist Zeit, dass du ganz untertauchst.«

Was? Zehen und Füße – kein Problem. Aber den Kopf? Auf keinen Fall!

Onkel Jake sah, dass ich erstarrte und keinesfalls die Absicht hatte, dies zu tun. Er stand da, tauchte ein paar Mal mit dem Kopf unter Wasser und lachte und johlte jedes Mal, wenn er wieder hochkam. Anscheinend machte das Spaß. Dann fing er an zu schreien. Er schrie aber nicht mich an, sondern den Wald, den Fluss und die Welt. Es klang auch gar nicht wütend, sondern so, als habe er sich noch nie im Leben so amüsiert.

»Uaaahh!«, johlte er jedes Mal, wenn sein Kopf aus dem Wasser auftauchte. »Uaaahh!«

Die Soldaten des SEAL-Teams, erzählte er, schreien »Huujah!«, wenn sie etwas tun müssen, was sie nicht tun wollen, oder etwas, wovor sie Angst haben. Wenn man laut schreit, sagte er, lässt die Anspannung nach. »Schrei mal«, sagte er, »und achte darauf, wie es sich anfühlt.«

»Uaaahh!«, schrie ich. Dann noch einmal: »Uaaahh!«

»Lauter!«, befahl er.

»Uaaahh!«, brüllte ich noch einmal. Und noch einmal.

Es fühlte sich gut an und vertrieb tatsächlich die ganze Angst. Ich tat es immer und immer wieder, zusammen mit Onkel Jake und immer lauter. Dann schrie er plötzlich: »Jetzt geh mit dem Kopf unter Wasser! Uaaahh!«

Ohne nachzudenken tauchte ich den Kopf ganz ins Wasser, riss ihn wieder hoch und schrie: »Uaaahh!« Es machte richtig Spaß, also tat ich es noch einmal. Und noch einmal. Ein paar Minuten lang saßen Onkel Jake und ich am Ufer, tauchten unter, schrien aus voller Brust und lachten. Nach einer Weile beruhigten wir uns wieder und stiegen aus dem Wasser.

»Das reicht für heute«, sagte Onkel Jake.

»Klar, das reicht«, stimmte ich zu.

Wir gingen zurück zum Auto, trockneten uns ab uns stiegen ein. Als wir wegfuhren, wurde mir etwas klar: Ich war noch nicht bereit zu schwimmen. Aber ich hatte keine Angst mehr.

KAPITEL 12: DISZIPLIN IST FREIHEIT

Piep! Piep! Piep! Piep! Piep! Piep! Piep! Piep!

Der Wecker schrillte mir in die Ohren. Ein paar Sekunden lang hörte ich ihm zu. Dann drückte ich auf die Schlummertaste. Das war herrlich. Ich hatte einfach keine Lust aufzustehen. Ich wollte nur schlaaaaaaafen. Ich schloss die Augen wieder und ließ mich selig in einen tiefen Schlaf sinken ...

Aus der Ferne hörte ich, wie die Tür aufging. Gerade als mein benebeltes Gehirn begriff, dass es Onkel Jake sein musste, hörte ich ihn sagen: »Marc?« Noch bevor ich antworten konnte, traf mich der Lärm wie ein Güterzug: Wumm! Wumm! Wumm! Wumm! Das waren wieder der Mülleimer und der Besenstiel.

»Okay, okay, ich steh schon auf«, versprach ich. Das hörte sich wohl nicht sehr begeistert an, denn Onkel Jake fragte mich: »Was ist los mit dir, Marc? Warum warst du heute Morgen nicht in der Garage beim Training?«

»Na ja ...« Ich wusste nicht, was ich sagen sollte.

»Was?«, fragte Onkel Jake.

»Ich weiß nicht ... Ich bin einfach ... einfach müde.«

»Müde? Wieso das denn?«

»Also ... Du weißt schon. Ich bin müde. Ich habe die ganze vorige Woche trainiert. Ich war im Jiu-Jitsu-Kurs. Und am Fluss waren wir auch. So viele Sachen. Ich bin eben müde. Ich glaube, ich muss mich ausruhen.«

»Wenn du dich ausruhen musst, geh früher ins Bett. Dann bist du morgens nicht verschlafen und musst das Training nicht schwänzen. Selbst wenn du nur wenig trainieren kannst, ist es tausend Mal besser, wenigstens etwas zu tun, als gar nichts.«

»Es ist nicht nur das«, gab ich zu. »Dieses Programm lässt mir keine Zeit für etwas anderes. Ich will nicht so viel tun. Könnte ich nicht manchmal relaxen und ein wenig fernsehen? Ich hätte gern etwas mehr Freiheit zu tun, was ich will.« Ich hielt mein Argument für vernünftig. Ein bisschen Entspannung muss sein, oder nicht? Und ein bisschen Fernsehen ist doch nicht schlimm, stimmts? Ich wollte nur etwas Freiheit.

Onkel Jake setzte sich und sah mich an. Er war nicht wütend. Aber er sah beinahe so aus, als habe er Mitleid mit mir. Als ob ich nichts über gar nichts wüsste.

»Wir alle wollen frei sein, Marc. Auch ich wünsche mir ein Leben in Freiheit. Dafür haben meine Freunde und ich in Übersee gekämpft. Freiheit ist das Beste, was es auf der Welt gibt. Aber Freiheit bekommen wir nicht kostenlos. Wenn du in deinem Leben wirklich frei sein willst, brauchst du Disziplin. Weißt du, was das ist?«

Ich war mir nicht ganz sicher, aber ich hatte eine Idee. »Heißt das nicht, dass man die Regeln einhält?«

»Das ist *eine* Art Disziplin«, sagte Onkel Jake. Aber es ist nicht damit getan, dass du die Regeln befolgst, die andere dir auferlegen. Das Wichtigste ist, dass du deine eigenen Regeln einhältst. Du musst manches tun, was du nicht immer gern tust – um besser zu werden.« Dann wurde Onkel Jake richtig eindringlich. »Hör mal, wenn du nicht willst, dass Kenny dich in der Schule mobbt, musst du die Disziplin aufbringen, in den Jiu-Jitsu-Kurs zu gehen und zu lernen, wie du Kenny besiegen kannst. Wenn du nicht willst, dass man dich auslacht, weil du keinen einzigen Klimmzug schaffst, musst du diszipliniert trainieren, bis du Klimmzüge machen kannst.

Wenn du schwimmen und deine Schulausflüge genießen willst, brauchst du Disziplin, um deine Angst vor dem Wasser zu überwinden und schwimmen zu lernen. Und was ist mit der Schule? Willst du bei den Klassenarbeiten hilflos dasitzen, weil du die Antworten nicht kennst? Wenn nicht, musst du diszipliniert lernen. Wenn du mal älter bist, wirst du dich nach finanzieller Freiheit sehnen. Du willst genug Geld haben, um zu tun, was dir gefällt, ohne dir Sorgen machen zu müssen. Aber auch finanzielle Freiheit erreichst du nur durch finanzielle Disziplin. Du musst Geld sparen und darfst es nicht für Dinge ausgeben, die du nicht brauchst. Und diese ganze Disziplin fängt damit an, dass du morgens früh aufstehst.«

»Na ja, ich bin doch aufgestanden«, wandte ich ein.

»Aber nur, weil ich dich geweckt habe. Ich habe dich aus dem Bett geholt. Das ist auferlegte Disziplin – ein anderer veranlasst dich zu tun, was er für richtig hält. Was du

brauchst, ist Selbstdisziplin. Das heißt, du triffst deine Entscheidungen selbst. Du treibst dich selbst an. Du überwindest dich, auch das zu tun, was dir schwerfällt. So erlangst du Freiheit. Leuchtet dir das ein?«

»Ich denke schon«, sagte ich.

»Es genügt nicht, wenn du es denkst. Du musst es verstehen. Erkläre mir, was Selbstdisziplin deiner Meinung nach ist.«

Ich war nervös, weil ich nicht ganz sicher war, dass ich Onkel Jake verstanden hatte. Aber was er sagte, leuchtete mir tatsächlich ein; darum wollte ich es versuchen. Eine andere Wahl hatte ich ohnehin nicht, weil Onkel Jake mich anstarrte und auf eine Antwort wartete.

»Wir alle wollen frei sein«, begann ich. »Wir wollen tun können, was wir tun wollen. Wir wollen frei leben. Aber wir müssen uns die Freiheit erarbeiten. Wir müssen sie uns verdienen. Wir brauchen Disziplin, damit wir frei sein können. Manchmal haben wir das Gefühl, dass Disziplin uns einschränkt und uns zwingt, etwas zu tun, was wir gar nicht tun wollen. Trotzdem macht Disziplin uns frei. Disziplin ist gleich Freiheit.«

DISZIPLIN IST GLEICH FREIHEIT

»Das ist richtig, Marc. Sehr gut. Disziplin ist gleich Freiheit. Darum stehen wir jetzt auf und machen uns an die Arbeit.«

»Ist es das, was dich motiviert, Onkel Jake?«, fragte ich, weil ich mich darüber wunderte, dass er immer so begeistert war.

»Motiviert?«, erwiderte er. »Über Motivation mache ich mir keine Gedanken. Sie kommt und sie geht. Das ist nur ein Gefühl. Vielleicht bist du motiviert, etwas zu tun, oder du bist es nicht. Was dich auf Kurs und auf dem Weg des Kämpfers hält, ist nicht Motivation, sondern Disziplin. Sie holt dich aus dem Bett, an die Klimmzugstange, in den anstrengenden Jiu-Jitsu-Kurs. Angenommen, du tust das alles nur, wenn du motiviert bist. Dann tust du es bloß manchmal. Klar, es ist gut, motiviert zu sein; aber du kannst dich nicht auf die Motivation verlassen. Du musst dich auf die persönliche Disziplin verlassen, die du entwickelst. Du hast recht – Disziplin ist Freiheit. Verstanden?«

»Ja, Onkel Jake, ich habs kapiert.«

»Gut. Dann gehen wir jetzt in die Garage und legen los.«

Genau das taten wir!

KAPITEL 13: KLIMMZUG NUMMER EINS

Jaaaaa!!!

Ich habs geschafft! Endlich, nach achtzehn Tagen Training, habe ich heute meinen ersten Klimmzug zustande gebracht!

Es war sogar ziemlich leicht. Zu Beginn des Trainings machte ich ein paar Liegestütze und erzielte dabei einen persönlichen Rekord: zweiundzwanzig. Dann machte ich ein paar Rumpfbeugen und einige Kniebeugen. Danach war es Zeit für die Klimmzüge.

Also holte ich die große Kiste, die Onkel Jake für mich gebaut hatte, um bei den Klimmzügen hochzuspringen. Doch als ich sie unter die Stange schob, sagte Onkel Jake: »Nein.«

Ich war verdutzt. »Warum? Soll ich heute keine Klimmzüge machen?«

»Im Gegenteil, Marc. Du bist bereit für einen *richtigen* Klimmzug.«

Oh nein! In den vergangenen drei Wochen hatte ich keine richtigen Klimmzüge gemacht. Es waren immer noch die »negativen« Klimmzüge: Ich sprang von der großen Kiste aus nach oben und brachte das Kinn über die Stange. Sobald ich oben war, versuchte ich, mich so lange wie möglich festzuhalten. Dann ließ ich mich langsam sinken und kämpfte dagegen an, bis ich unten war. Anschließend sprang ich wieder hoch und so weiter. Obwohl das ein »Klimmzugtraining« war, hatte ich noch keine richtigen Klimmzüge gemacht.

»Ich glaube nicht, dass ich schon so weit bin«, sagte ich zu Onkel Jake.

»Doch, du bist bereit. Und selbst wenn du es nicht bist, solltest du es versuchen. Wir müssen wissen, ob du Fortschritte machst.«

»Also, es ist doch ganz klar, dass ich mich jetzt länger da oben festhalten kann. Als ich anfing, konnte ich mich nur ein paar Sekunden lang halten. Jetzt schaffe ich über dreißig.«

»Das ist ein ordentlicher Fortschritt«, räumte Onkel Jake ein. »Aber dein Ziel besteht nicht darin, dich dort oben festzuhalten. Dein Ziel ist ein richtiger Klimmzug. Also zeig mir, was du kannst.«

Onkel Jake zog die große Kiste weg, die es mir ermöglicht hatte, so weit nach oben zu springen, dass mein Kinn sich über der Stange befand. Dann schob er die kleinere Kiste unter die Stange. Wenn ich darauf stand, konnte ich die Stange kaum erreichen.

»Bitte sehr«, sagte er. »Rauf mit dir!«

Ich hatte eine Heidenangst. Wann immer ich es bisher versucht hatte, bekam ich das Kinn nicht über die Stange, egal wie sehr ich mich anstrengte. Jetzt stand Onkel Jake erwartungsvoll neben mir, aber ich glaubte einfach nicht, dass ich es schaffen würde. Ich starrte zur Stange hinauf.

»Also? Worauf wartest du?«

Langsam stieg ich auf die Kiste und packte die Stange. Sie fühlte sich kühl an und ich bemerkte etwas, woran ich bisher nicht gedacht hatte: meinen Griff. Früher hatte ich immer gefürchtet, von der Stange abzurutschen. Jetzt fühlte sich mein Griff anders an. Stark.

Ich konzentrierte mich, holte tief Luft und zog mich hoch. Und zwar ganz nach oben!

Bald erreichte mein Kinn die Stange! Ja! Ich hatte es geschafft!

Langsam ließ ich mich sinken und gab die Stange frei. Dann warf ich Onkel Jake einen Blick zu. Er grinste breit. Er freute sich! Und ich freute mich noch mehr. Es war ein tolles Gefühl.

»Jaaa!«, schrie ich und ballte die Fäuste vor den Schultern, wie ich es in Zeitschriften bei Gewichthebern gesehen hatte. Und ich spürte zum ersten Mal im Leben, dass ich mehr Muskeln bekam. Sie waren nicht riesig, aber sie waren auf jeden Fall da. »Muskelmann Marc!«, schrie ich voller Stolz.

Onkel Jakes Grinsen verschwand.

»Immer mit der Ruhe, Muskelmann«, sagte er. Ich wusste nicht, was los war, aber irgendetwas stimmte nicht.

»Ich finde, es ist etwas zu früh zum Feiern.«

»Zu früh? Ich habe eben den ersten Klimmzug meines Lebens geschafft! Das ist ja wohl ein guter Grund zum Feiern!«, wandte ich ein.

»Das ist ein Problem.«

»Ein Problem? Warum ist ein Klimmzug ein Problem?«

»Nicht der Klimmzug, Marc. Das Feiern. Es ist viel zu früh dafür.«

»Aber das war mein allererster Klimmzug!«

»Dein Ziel ist nicht *ein* Klimmzug. Sondern zehn Klimmzüge. Einen hast du geschafft. Klar, du hast Grund zur Freude, weil ein Klimmzug besser ist als keiner. Aber es ist noch ein langer Weg zu zehn Klimmzügen. Einerlei, was du im Leben tust, du darfst nie dein langfristiges Ziel aus den Augen verlieren. Versuche immer, aus deinen Erfolgen und Fehlern etwas zu lernen. Kleine Siege darfst du sogar ein bisschen feiern. Aber übertreibe nicht. Bleib immer vernünftig. Und jetzt komm her, gib mir ein High five, und dann steig wieder auf die Kiste und trainiere weiter. Du hast gerade erst damit angefangen.«

Ich ging zu Onkel Jake, der die Hand in die Luft hielt. Ich klatschte ihn ab und er sagte. »Gute Arbeit. Und jetzt zurück an die Stange.«

»Jawoll!«, sagte ich.

Ich stieg wieder hinauf und schaffte tatsächlich noch drei weitere Klimmzüge. Dann musste ich die große Kiste holen und hochspringen. Ich machte eine ganze Reihe negativer Klimmzüge und ließ mich so langsam sinken, wie ich konnte. Da ich wusste, dass ich echte Fortschritte gemacht hatte, konnte ich mich besser konzentrieren. Zehn Klimmzüge sind noch weit entfernt. Aber jetzt begann ich zu glauben, dass ich es schaffen konnte.

KAPITEL 14: EINMALEINS-PROFI

Allmählich erfuhr ich einige wichtige Dinge von Onkel Jake, sehr wichtige Dinge. Gestern habe ich gelernt, dass ich nicht zu früh feiern darf; heute wurde mir noch etwas klar: Gut ist nie gut genug! Der heutige Tag war ein perfektes Beispiel dafür.

Als Onkel Jake heute Nachmittag einkaufen war, beschloss ich, ein wenig fernzusehen. Dafür hatte ich in letzter Zeit wenig Zeit gehabt! Als Onkel Jake heimkam und mich vor dem Fernseher sitzen sah, schien er gar nicht mit mir zufrieden zu sein.

»Was machst du da, Marc?«, fragte er. Es klang enttäuscht.

»Ich sitze hier nur und gucke ein bisschen Fernsehen.«

»Das sehe ich. Warum? Hast du nichts Besseres zu tun?«

»Na ja, wir haben heute doch schon trainiert. Und mein Zimmer ist aufgeräumt. Und ich habe Geschirr gespült und die Küche geputzt. Ich bin so ziemlich mit allem fertig.«

»Wirklich? Und was ist mit dem Einmaleins?«

»Mit dem Einmaleins?« Ich hatte gehofft, dass er mich das nicht fragen würde! Ich hatte fleißig gelernt und kannte alle Zahlenreihen von eins bis dreizehn auswendig. »Ich kenne jede einzelne Lernkarte. Zu hundert Prozent.«

»Hundert Prozent? Schön, dann hol sie mal her.«

»Die Lernkarten?«

»Ja, die Lernkarten. Ich frage dich ab.«

»Okay.« Ich lief in mein Zimmer, um die Karten zu holen. Als ich zurückkam, holte Onkel Jake gerade etwas aus seiner Sporttasche. Es sah aus wie eine große Uhr.

»Was ist das?«, fragte ich ihn.

»Eine Stoppuhr.«

»Eine was?«

»Eine Stoppuhr. Um deine Zeit zu messen.«

»Meine Zeit?«

»Ja, um festzustellen, ob du schnell genug bist.«

»Schnell genug? Das ist doch kein Wettrennen!«, beklagte ich mich.

»Alles ist ein Wettrennen«, erwiderte Onkel Jake mit einem unheilvollen Lächeln. »Gib mir die Karten.«

Zögernd und ein wenig nervös reichte ich ihm die Karten. Wir setzten uns an den Tisch.

»Bereit?«, fragte Onkel Jake.

»Bereit«, sagte ich und spürte bereits den Druck.

»Los!« Er drückte auf den Startknopf der Stoppuhr und hielt die erste Karte hoch. Sie zeigte 5 × 3.

»Fünfzehn!«, sagte ich. Er hielt die nächste Karte hoch: 2 × 4.

»Acht!«, bellte ich.

Er zeigte mir die nächste Karte: 9 × 6. Aus irgendeinem Grund, vielleicht weil die Stoppuhr mich unter Druck setzte, hatte ich einen kurzen Blackout. Dann durchwühlte ich mein Gehirn und es fiel mir ein. »Vierundfünfzig!«, schrie ich.

»Langsam«, sagte Onkel Jake und zog die nächste Karte. Wir gingen den ganzen Stapel durch. Bei einigen Karten zögerte ich und bei zweien machte ich sogar einen Fehler. Aber weil ich mich korrigierte, bevor er die Karten in den Stapel zurückstecken konnte, musste ich sie nicht noch einmal beantworten. Sobald ich fertig war, knallte Onkel Jake die letzte Karte auf den Tisch und drückte den Stoppknopf der Uhr.

Ich hob die Hände über den Kopf. »Ja!«, rief ich. Ich war total begeistert, weil alle meine Antworten richtig gewesen waren.

»Ja was?«, fragte mich Onkel Jake. Nun wusste ich seit meinem ersten Klimmzug, dass ich nie zu früh feiern durfte.

Aber diesmal war es nicht zu früh. Die Aufgabe war gelöst. Dachte ich jedenfalls.

»Na ja, Onkel Jake, ich freue mich, weil ich das ganze Einmaleins beherrsche. Das heißt, ich habe gelernt. Vielen Dank, dass du mir geholfen hast. Ohne dich hätte ich es nicht geschafft.«

»Das stimmt nicht. Ich habe dir nur geholfen, eine Zahlengruppe zu lernen. Die anderen hast du selbst gelernt. Seitdem du gelernt hattest, wie man lernt, hast du allein gelernt.«

»Das stimmt irgendwie«, sagte ich. Ich war mir nicht sicher, worauf Onkel Jake hinauswollte.

»Aber du bist noch nicht fertig.«

»Nicht?«

»Nein. Du hast sechs Minuten und siebenunddreißig Sekunden gebraucht, um die Lernkarten durchzugehen. Du solltest es in weniger als vier Minuten schaffen.«

»Vier Minuten? Echt?«

»Echt«, sagte Onkel Jake. »Ich möchte, dass du die Antworten so gut kennst, dass du kein bisschen zögerst. Überhaupt nicht. Verstanden?«

»Ja, ich habs kapiert.«

»Und so musst du es immer machen – immer dein Allerbestes geben. Bei allem, was du tust. Hundert Prozent. Das bringt dich dorthin, wo du hinwillst.«

Also begann ich erneut zu lernen. Dieses Mal stoppte ich meine Zeit selbst mit Onkel Jakes Uhr. Ich würde es schaffen!

KAPITEL 15: ABGEKLOPFT!

Heute war es irre, unglaublich, abgefahren und supertoll im Jiu-Jitsu-Kurs!

Wir haben uns wie üblich aufgewärmt: Laufen rund um die Matte, Liegestütze, ein paar Rumpfbeugen und einige Rollen, die ganzen Grundübungen. Dann arbeiteten wir an den wichtigsten Abläufen: Armhebel, *Sweeps* (Aushebeln des Gegners) und sich aus der Grundposition »Mount« zu befreien. Wir waren ungefähr halb durch, als ein neuer Junge auftauchte. Es war sein erster Tag. Er hatte noch nie Jiu-Jitsu geübt.

Während wir trainierten, sah ich, wie der Lehrer dem Neuen die Grundlagen des Jiu-Jitsu erklärte: die Grundstellungen und, was am wichtigsten war, das Abklopfen.

Dann war es Zeit fürs Sparring. Das ist fast ein richtiger Kampf, aber ohne Treten und Boxen. Man lernt ziemlich schnell, dass dies gar nicht so wichtig ist, wie man denkt. Es ist wichtiger, die richtige Position einzunehmen, damit man den Gegner beherrscht und ihn in einem günstigen Moment mit einem Hebel oder Würgegriff zur Aufgabe zu zwingen. Beim Hebel hält man den Arm oder das Bein des Gegners so fest, dass er sich nicht mehr bewegen kann; dann drückt man den Arm oder das Bein in die der Bewegung entgegengesetzte Richtung.

Mein Jiu-Jitsu-Lehrer

Keine Sorge – wir verletzen unsere Gegner nicht. Sobald er die Spannung im Arm oder Bein spürt, muss er nur abklopfen, und wir lassen ihn los. Dann ist der Kampf beendet. Das Gleiche gilt für den Würgegriff. Man legt die Arme so um den Hals des Gegners, dass er eine Sekunde später abklopft. Wir haben auch gelernt, Jiu-Jitsu nur zu üben, wenn der Lehrer dabei ist. Es ist wichtig, dass er aufpasst, damit wir beim Training nichts tun, was gefährlich sein könnte.

Als ich mit ein paar Kids gerade beim Sparring war, rief der Lehrer mir zu: »Komm mal rüber, Marc.«

Ich ging zu ihm und er sagte: »Marc, das ist Jaden. Jaden, das ist Marc.«

Wir gaben uns die Hände. »Hi, Jaden!«

»Heute ist Jaden dein Sparringspartner, Marc.«

»Okay.«

Dann sah der Lehrer Jaden an und sagte: »Bleib einfach locker. Es soll Spaß machen. Und denk daran, wenn es wehtut oder ungemütlich wird, dann klopf einfach ab, und Marc lässt dich los. Dann fangt ihr von vorn an. Abklopfen ist okay. Es bedeutet nur, dass du lernst. Alles klar?«

»Alles klar«, sagte Jaden.

Wir gingen zu einem freien Platz auf der Matte. Jaden war ein wenig kleiner als ich, aber nicht sehr. Vielleicht drei bis vier Zentimeter kleiner. Wir reichten uns wieder die Hände.

Kaum war ich nach dem Händedruck einen Schritt zurückgetreten, stützte sich Jaden auf mich! Er war anscheinend überhaupt nicht locker, wie der Lehrer es ihm geraten hatte! Er versuchte, mich wie eine Riesenkrabbe an den Händen und Armen zu packen.

Ich stieß seine Hände weg, und als er vortrat, duckte ich mich unter seine Arme und packte mühelos seine Beine. Dann schob ich mich nach vorn, wie ich es gelernt hatte. Es war ein klassischer »Double Leg Takedown«!

Als wir auf dem Boden lagen, drehte Jaden richtig durch. Er schubste und buckelte und krümmte sich ohne Sinn und Verstand. Er wusste aber nicht, was er schubsen, wann er buckeln und wo er sich krümmen sollte. Ich hatte keine Mühe, mich auf seinen Bauch zu setzen, als würde ich ein Pferd reiten.

Jade stieß mit den Händen gegen meine Brust, um sich zu befreien. Das tun die meisten Leute, die nichts vom Jiu-Jitsu verstehen. Sie wollen dich herunterstoßen. Ich wusste genau, was ich in diesem Fall zu tun hatte. Ich drehte mich sofort seitwärts und warf ein Bein über seinen Kopf.

Dann hielt ich einen seiner Arme fest, presste die Knie zusammen und lehnte mich nach hinten. Ich spürte, dass sich Jaden jetzt noch heftiger wand – vergeblich. Ich hatte ihn im Griff.

Langsam drückte ich die Oberschenkel weiter zusammen, und er klopfte sofort ab. Das wars! Zum ersten Mal hatte ich jemanden zur Aufgabe gezwungen! Ja!

Obwohl ich total aufgeregt und begeistert war, weil ich Jaden zum Abklopfen gezwungen hatte, wusste ich, dass ich ruhig bleiben und nett zu ihm sein musste. »Keine Sorge, Jaden, das passiert jedem Anfänger.«

»Wirklich?«

»Ja, wirklich. Das ist Jiu-Jitsu. Es ist wie Klavierspielen oder Basketball – einfach eine Fähigkeit, die man üben muss. Wenn du übst und gut wirst, kannst du deine Gegner ebenfalls zum Abklopfen zwingen.«

»Das ist gut. Hätte ich etwas anders machen müssen?«

Den Rest des Kurses verbrachte ich damit, mit Jaden einige Grundtechniken zu üben. Er war richtig glücklich und wollte unbedingt alles lernen. Und weil ich die wahre Macht des Jiu-Jitsu richtig kennengelernt hatte, wollte ich jetzt ebenfalls mehr lernen.

KAPITEL 16: KRAFTSTOFF FÜR DIE MASCHINE

Eines kann ich dir versichern: Das ganze Üben und Trainieren und Lernen macht hungrig! Am Ende eines Tages habe ich immer das Gefühl, dass ich am Verhungern bin, und ich würde einfach alles essen! Eigentlich habe ich genau das auch immer getan: Ich habe gegessen, worauf ich Appetit hatte, und wann immer ich wollte. Bis heute Abend. Heute habe ich von Onkel Jake etwas Neues gelernt. Diesmal über das Essen.

Wie gesagt, als ich runter zum Essen ging, war ich hungrig und durstig. Mama hatte ein paar Sachen zubereitet, aber ich wollte etwas richtig Leckeres. Also schüttete ich einen Haufen Kartoffelchips auf meinen Teller. Dann ging ich zur Gefriertruhe, nahm mir ein Schinken-Käse-Sandwich heraus und warf es in die Mikrowelle. Köstlich! Ich erhitzte es einige

Minuten, bis der Käse aus den Seiten herausfloss. Dann holte ich das Sandwich heraus, öffnete die Plastiktüte, in der es sich befand, und pfefferte es neben die Chips auf meinen Teller.

Und weil ich auch Durst hatte, nahm ich gleich eine Dose Limo mit Traubengeschmack aus dem Kühlschrank und ging zum Tisch, an dem Mama und Onkel Jake schon saßen.

»Na, wie läufts?«, fragte ich, als ich mich setzte.

»Hervorragend«, antwortete Onkel Jake. »Und wie geht es dir?«

»Ziemlich gut«, sagte ich. Kaum hatte ich diese Worte ausgesprochen, musterte Onkel Jake meinen Teller. Dann die Dose mit der Limo. Dann mich.

»Tatsächlich?«, fragte er mit strenger Stimme. Eben war er noch fröhlich gewesen, jetzt schien er fast zornig zu sein. Lag das an mir? Ich hatte keine Ahnung.

»Klar«, murmelte ich vor mich hin. »Mir gehts gut.«

Onkel Jake entspannte sich ein wenig. Dann sagte er: »Das überrascht mich.«

»Warum, Onkel Jake?«, fragte ich. Jetzt war ich wirklich neugierig, warum zum Teufel er sich so seltsam benahm.

»Ich bin überrascht, dass es dir gut geht, obwohl du solchen Mist verzehrst!«, blaffte er. Ich wusste nicht, was er meinte. Mama nickte zustimmend.

»Mist?«

»Ja, Mist. Genau das hast du auf deinem Teller: Mist. Damit können sich deine Muskeln nicht erholen und damit kannst du nicht klar denken. Der ganze Junk hilft dir nicht, dich zu verbessern.«

Ich kapierte immer noch nicht. »Warte. Was stimmt nicht mit meinem Essen? Mama hat es gekauft und ich esse es jeden Tag.«

»Du isst das jeden Tag? Ekelhaft! Wie kannst du so etwas jeden Tag essen? Und es ist nicht das Einzige, was deine Mama kauft. Ich habe das hier aus derselben Küche, aus der du dein Zeug geholt hast.« Er deutete auf seinen Teller.

Ich warf einen Blick darauf und musste zugeben, dass er recht hatte. Er hatte Salat und Huhn auf dem Teller und er trank ein großes Glas Milch. Trotzdem verstand ich ihn immer noch nicht. »Moment, was ist der Unterschied zwischen deinem und meinem Essen?«

»Was der Unterschied ist? Alles! Huhn und Milch enthalten Eiweiß, das für den Muskelaufbau notwendig ist, und wenig Fett. Und in diesem Salat sind viele Vitamine und Mineralien, die dich gesund erhalten. Weißt du, wie viel davon das Zeug enthält, das du isst?«

»Nicht genau.«

»Nichts! Gar nichts! Überhaupt nichts! Du isst und trinkst einen Haufen Zucker. Dieses Zeug bewirkt nur eines: Es macht dich krank und raubt dir Energie. Du musst deine Kraftstoffzufuhr in den Griff bekommen«

»Kraftstoffzufuhr?« Ich hatte keine Ahnung, was er damit meinte. »Ich bin doch kein Auto!«

»Du bist zwar kein Auto, aber eine Art Maschine, ähnlich wie ein Auto. Was du isst, gleicht dem Sprit. Wenn du den falschen Kraftstoff in den Tank eines Autos füllst, arbeitet der Motor nicht mehr. Darum musst du das in Ordnung bringen, und zwar so schnell wie möglich!«

Ich bin ein kaputtes Auto!

»Okay. Aber was soll ich denn essen?«

»Du brauchst echte Nahrung. Steak. Fisch. Huhn. Eier. Vollkornprodukte. Salat. Gemüse. Nüsse und Kerne. Richtiges Essen, kein künstliches Zeug wie diese Kartoffelchips und dieses Sandwich!«

»Du bekommst doch bei mir ordentliche Mahlzeiten, Marc, die du anstelle der Snacks essen könntest«, warf meine Mutter ein.

»Okay, okay. Ich habs kapiert. Morgen fange ich an, was Richtiges zu essen, so wie das da.«

»Morgen? Was soll das heißen?«

»Na ja, ich will die Sachen nicht vergeuden«, sagte ich und hoffte, Onkel Jake würde mir wenigstens noch diese eine leckere Mahlzeit gönnen.

»Falsche Antwort. Wenn du besser werden willst, gibt es nur einen richtigen Zeitpunkt: Jetzt. Du musst *jetzt* anfangen, nicht morgen, nicht nächsten Monat, nicht nächstes Jahr. Jetzt. Geh und wirf dieses Zeug in die Mülltonne und gieß die Limonade in den Abfluss. Gib der Maschine den richtigen Treibstoff.«

»Ja, Onkel Jake.« Ich sah Mama an. Würde sie sich über das verschwendete Essen ärgern? Nein, sie nickte. Ich durfte es wegwerfen. Also warf ich die Chips und das Sandwich in den Mülleimer und schüttete die Limo weg. Dann belud ich meinen Teller mit Huhn und Salat und goss mir ein Glas Milch ein.

Als ich mich wieder setzte, sagte Mama: »Damit es leichter für dich wird, werde ich kein Junkfood mehr kaufen. Nur noch richtige Lebensmittel. Dann hast du keine Möglichkeit mehr, diesen Mist zu essen.«

»Okay, Mama«, sagte ich. Ich war mir nicht sicher, ob das andere Essen mir irgendwie helfen würde. Aber eines wusste ich: Wenn es für Onkel Jake gut genug war, dann war es auch gut für mich.«

KAPITEL 17: WIE EIN FISCH IM WASSER

Ich war nicht bereit für die Pläne, die Onkel Jake heute mit mir hatte. Zumindest glaubte ich das.

In den letzten paar Wochen ist Onkel Jake jeden zweiten Tag mit mir zum Fluss gefahren. »Schwimmtag« nennt er das. Zuerst watete ich ins Wasser. Dann tauchte ich unter. Als Nächstes brachte er mir Wassertreten bei. Dabei bleibt man an derselben Stelle, ohne den Grund zu berühren, und hält den Kopf über Wasser. Danach zeigte er mir, wie man sich im Wasser treiben lässt, ohne sich zu bewegen. Das nennt man »Toter Mann«! Anschließend begann er mit dem Schwimmunterricht, genauer gesagt mit dem Kraulen. Ich war gar nicht mal so schlecht. Und ich wurde darin immer

besser. Die letzten paar Male bin ich tatsächlich geschwommen, ohne auch nur ein Mal abzusetzen!

Mein neuer bester Freund: Wasser!

Doch als wir heute am Fluss ankamen, sagte Onkel Jake: »Heute schwimmst du über den Fluss. Bis zum anderen Ufer. Und dann zurück.«

Klar, ich fühlte mich wohl, als wir zum Fluss fuhren. Doch als er diese Worte sagte, bekam ich fast eine Panikattacke! Über den Fluss schwimmen? *Soll das ein Witz sein?*

Ich hatte kein Problem damit, am Ufer entlangzuschwimmen. Ich wusste ja, dass ich jederzeit im Wasser stehen konnte, wenn etwas schiefging. Aber wenn ich auf die an-

Alarm! Wasser ist mein Feind! Schluss mit der Freundschaft!

dere Seite schwamm, würde ich den Boden nach etwa fünf Metern nicht mehr erreichen können und so hilflos sein wie als Kind im Karpfenteich!

»Ich glaube, ich bin noch nicht so weit, Onkel Jake«, sagte ich.

»Du bist so weit. Ich weiß es. Und wenn du meinst, dass du noch nicht bereit bist, dann mach dich eben bereit, weil du es auf jeden Fall tun wirst. Heute.«

»Aber, Onkel Jake ...«

»Kein Aber, Marc. Ich sage dir: Du bist so weit. Du wirst es tun.«

»Ich werde ertrinken«, klagte ich. Diese Worte rutschten mir irgendwie raus. Eigentlich glaubte ich nicht, dass ich ertrinken würde. Na ja, vielleicht befürchtete ich es ein klein wenig!

»Du wirst nicht ertrinken, Marc«, sagte Onkel Jake. Anscheinend ging ich ihm langsam auf die Nerven.

»Vielleicht doch«, sagte ich.

»Nein, du wirst nicht ertrinken. Du wirst sehen, es wird wunderbar. Ich lasse dich nicht ertrinken und ich bleibe neben dir. In den SEAL-Teams sind wir nie allein, wenn wir etwas im Wasser tun. Jemand passt immer auf uns auf. Niemand sollte jemals allein ins Wasser gehen. Jemand muss auf dich achtgeben und für deine Sicherheit sorgen. Diesen Aufpasser nennen wir Schwimmkumpel. Ich werde deiner sein.«

»Wirklich?« Jetzt ging es mir schon besser. Natürlich würde Onkel Jake nicht zulassen, dass mir etwas passierte.

»Klar. Ich werde darauf achten, dass dir nichts zustößt. Du bist bereit. Und jetzt gehen wir rein.«

»Okay.«

Wir wateten ins Wasser. Ich war voll konzentriert. Das andere Flussufer war ungefähr siebenundzwanzig Meter entfernt. Um es zu erreichen, würde ich vermutlich zwanzig Züge brauchen.

Ich warf Onkel Jake einen Blick zu. Er nickte, als wolle er sagen: »Fang an.« Ich schätze, ich brauchte ein bisschen mehr als ein Kopfnicken, denn ich saß einfach nur da und sah ihn an. Nach einer Weile sagte er: »Also?«

»Also was?«, fragte ich.

Jetzt sprach er lauter: »Los gehts!«

Ich schaute über den Fluss, dann sah ich wieder Onkel Jake an, holte tief Luft und machte einen Satz nach vorn, ins tiefe Wasser. Onkel Jake war genau neben mir, sodass ich mich sicher fühlte und ganz ruhig blieb. Ich wusste, dass mir nichts passieren konnte, wenn Onkel Jake neben mir schwamm. Ich machte die Armzüge genau so, wie er mir beigebracht hatte. Es klappte einwandfrei.

Ich behielt die andere Seite im Blick, konzentrierte mich und war zuversichtlich, weil Onkel Jake neben mir war. Das andere Ufer kam immer näher. Jetzt spürte ich bei jedem

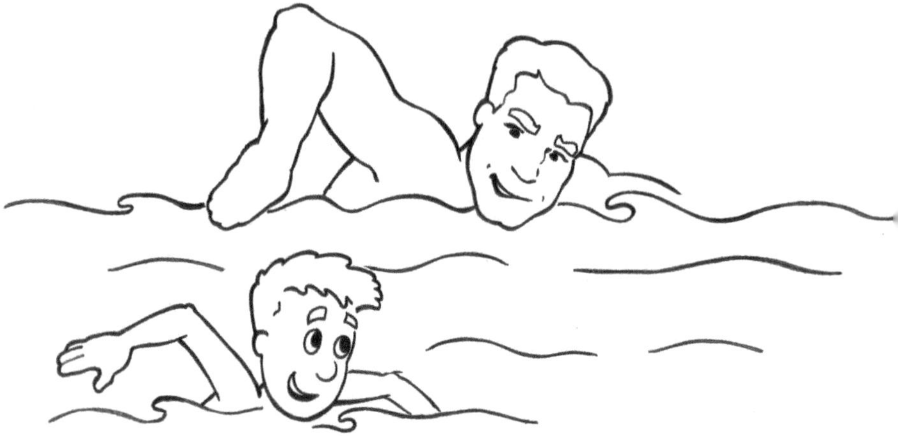

Beinschlag schon fast den Boden unter den Zehen. Knapp fünf Meter vor dem Ufer berührte ich ihn mit den Zehen und schob mich ein Stück weit ans Ufer. Ich hatte es geschafft! Ich hatte es geschafft!

Ich sah zu Onkel Jake hinüber und grinste. Er grinste zurück. »Ich habs geschafft!«, schrie ich fröhlich. »Ich habs geschafft! Ich habs geschafft!«

Kaum hatte ich mein Triumphgeheul beendet, tauchte Onkel Jake unter. Ich wusste nicht, was er vorhatte, aber er blieb ziemlich lange unten. Als er endlich hochkam, befand er sich schon am anderen Ufer. Ich war allein!

»Was tust du da, Onkel Jake?«, schrie ich hinüber.

»Alles in Ordnung«, rief er zurück. »Komm einfach nach.«

»Was?«, kreischte ich. Das war nicht mehr cool. Überhaupt

nicht. Ich hatte zwar den Fluss überquert, aber ich konnte ganz bestimmt nicht zurückschwimmen. Jedenfalls nicht allein.

»Ich hab dir doch gesagt, dass alles klappen wird. Und es hat geklappt. Schwimm einfach rüber zu mir.«

Ich war hin- und hergerissen – sollte ich mich als Feigling hervortun oder lieber ertrinken? Ich entschied mich für den Feigling.

»Weißt du, Onkel Jake, ich würde mich sehr viel wohler fühlen, wenn du herkommen und dann mit mir zurückschwimmen würdest. Bitte!« Ich hoffte, er würde verstehen, wie sehr ich mich fürchtete. Aber er blieb hart.

»Nein. Ich komme nicht zu dir. Du bist hinübergeschwommen. Also kannst du auch zurückschwimmen. Vertrau mir.«

Moment mal! *Vertrau mir* sagen die Leute doch immer, wenn sie die Wahrheit vertuschen wollen, oder? Außerdem hatte er mir versprochen, in meiner Nähe zu bleiben. Konnte ich ihm noch vertrauen? Also sagte ich: »Ich halte das für keine gute Idee. Könntest du bitte zu mir kommen und –«

Onkel Jake unterbrach mich. »Es *ist* eine sehr gute Idee. Du kannst schwimmen. Du bist über den Fluss geschwommen. Du kannst auch zurückschwimmen. Ich zähle bis drei, dann startest du. Eins. Zwei. Drei. Los!«

Aus irgendeinem Grund, den ich wohl nie verstehen werde, traf ich eine spontane Entscheidung, als er »Los!« rief. Ich stieß mich vom Ufer ab und begann zu schwimmen. Anfangs hatte ich Angst und fühle mich allein; aber ich konzentrierte mich einfach auf die andere Seite und schwamm weiter. Jeder Schwimmzug brachte mich Onkel Jake und dem kleinen Sandstrand am anderen Ufer näher. Dann, als ich schon ganz zuversichtlich war, spürte ich, wie meine Füße den Boden berührten. Ich. Hatte. Es. Geschafft. Jaaa!

Jetzt grinste Onkel Jake wieder. »Okay«, sagte er, »jetzt darfst du losschreien.«

Sofort stieß ich das lauteste UAAAHH! meines Lebens aus.

Sofort stieß ich das lauteste UAAAHH! meines Lebens aus.

Ich sah Onkel Jake an und sagte: »Ich bin wie ein Fisch im Wasser!« Dann wartete ich auf seinen Schrei.

»Wenn das so ist«, sagte er, »dann denk dran, dass du noch von der Brücke springen musst.«

Ich saß stumm da. Aber ich wusste, was er meinte. Ich musste noch vieles beweisen. Und als ich zur Brücke hinaufschaute, wurde mir klar, dass ich dafür noch nicht ganz bereit war.

KAPITEL 18: REKORDJAGD UND ÜBERWINDUNG EINES PLATEAUS

Kaum glaubst du zu wissen, was Schmerzen sind, wird alles noch schlimmer.

Diese Woche habe ich etwas über Schmerzen gelernt.

Alles war wie geschmiert gelaufen und ich fand, dass ich ziemlich gute Arbeit geleistet und ein paar echte Fortschritte gemacht hatte. Ich schaffte jetzt fünfunddreißig Liegestütze und neun Wiederholungen einer neuen Übung, die Onkel Jake Dips nannte, bei der die Rückseite der Oberarme trainiert wird. Als Schwimmer wurde ich ebenfalls besser. Ja, ich wurde besser und fühlte mich ziemlich stark bei fast allem – mit Ausnahme der wichtigsten Übung: den Klimmzügen.

Ja, es stimmt. Trotz des harten Trainings, das ich im vorigen Monat bewältigt hatte, kam ich mit den Klimmzügen nicht weiter. Bisher hatte ich höchstens vier hintereinander geschafft. Irgendwie steckte ich fest. Bei jedem Training machte ich ein paar Klimmzüge, ein paar Dips, ein paar Kniebeugen und ein paar Rumpfbeugen mehr als beim letzten Mal. Aber seit vier Trainingseinheiten ging es nach den vier Klimmzügen nicht mehr weiter und ich wusste nicht, was ich noch tun konnte.

»Ich komme nicht weiter, Onkel Jake. Ich schaffe nicht

mehr als vier Klimmzüge. Und ich weiß nicht mehr, was ich tun soll.«

»Nun ja, du trainierst und du ernährst dich besser. Also muss es sich hier um ein Plateau handeln.«

»Was ist ein Plateau?«, fragte ich.

»Wenn du ein bestimmtes Level erreichst und nicht weiterkommst. Du verbesserst dich nicht mehr. Manchmal passt sich der Körper eben der Belastung an, der du ihn unterwirfst, und hört auf, noch besser zu werden.«

»Oh Mann«, sagte ich. »Das ist ja schrecklich. Soll das heißen, dass ich nie zehn Klimmzüge schaffen werde? Oder wenigstens fünf?«

Onkel Jake schüttelte den Kopf. »Nein«, sagte er. »Es bedeutet nur, dass wir das Plateau überwinden müssen.«

»Wie geht das?«, wollte ich wissen.

»Denk dran, was ich dir gesagt habe: Dein Körper hat sich der Belastung angepasst, die dein Training für ihn darstellt.«

Das erschien mir einleuchtend.

»Also, Folgendes ist passiert: Du hast hart trainiert – du hast deinen Körper belastet. Um diese Belastung zu bewältigen, baut der Körper Muskeln auf und wird stärker – er passt sich an.«

»Mein Körper hat sich also schon ein bisschen angepasst?«, fragte ich.

»Er hat sich sogar sehr angepasst. Du bist bei jeder Übung besser geworden. Und jetzt ist ein Stillstand eingetreten. Aber das werden wir ändern.

»Wie?«, fragte ich.

»Ganz einfach. Mit einer größeren Belastung.«

»Noch mehr Belastung?« Das gefiel mir nicht. Gar nicht.

»Ja. Du musst härter trainieren, härter als bisher, und wir werden Übungen zusammenstellen, die vor allem deine Klimmzugmuskeln stärken. Dann kannst du dein Plateau überwinden und du schaffst mehr Klimmzüge. Mach dich morgen früh auf ein gutes Training gefasst.«

»Gut?«, fragte ich. »Was meinst du mit *gut?*« Ich machte mir Sorgen – vielleicht verstand Onkel Jake unter »gut« etwas ganz anderes als ich!

So sieht *beschwerlich* aus.

»Damit meine ich, das Training morgen könnte ziemlich beschwerlich werden. «

Genau davor hatte ich mich gefürchtet!

Am nächsten Morgen war das Training tatsächlich verrückt!

Es fing ziemlich normal an. Wir machten ein paar Liegestütze, dann einige Rumpfbeugen, dann ein paar Kniebeugen. Danach waren die Klimmzüge an der Reihe. »Heute wirst du hundert machen«, verkündete Onkel Jake.

»Klimmzüge?«, frage ich entsetzt.

»Ja, Klimmzüge. Einhundert.«

»Vielleicht hast du vergessen, dass ich nur vier schaffe, Onkel Jake! Wie zum Teufel soll ich hundert Klimmzüge machen?«

»Wie immer du willst«, antwortete Onkel Jake. »Egal wie. Und jetzt steh auf und fang an.«

Ich stieg auf die Kiste, griff nach der Stange und machte meine erste Viererserie. »Gut«, sagte Onkel Jake. »Und jetzt noch einmal.« Ich packte die Stange und machte wieder vier Klimmzüge. »Das sind acht«, sagte Onkel Jake. »Mach weiter.« Ich legte eine kurze Pause ein; dann hielt ich mich an der Stange fest und machte drei Klimmzüge. »Und das sind elf. Noch Neunundachtzig.«

Das also hatte er gemeint. Ich sollte hundert Klimmzüge machen, aber nicht hintereinander, sondern in Serien. Da ich höchstens vier schaffte, würde ich eine Menge Serien brauchen!

Aber ich machte weiter. Und weiter. Und weiter. Eine Weile schaffte ich drei pro Serie, doch als ich fünfzig erreicht hatte, brachte ich nur noch zwei pro Serie zustande. Und als ich bei achtzig angelangt war, schaffte ich nur noch einen Klimmzug pro »Serie«.

Genau in der Mitte von Nummer siebenundachtzig spürte ich Schmerzen in der Hand. Als ich die Stange losließ, sah ich, dass eine Schwiele aufgegangen war und ein wenig Blut aus der Wunde sickerte.

»Ich glaube, das wars«, sagte ich und zeigte Onkel Jake meine Hand.

»Dreizehn fehlen noch«, sagte er.

»Aber meine Hand ... sie tut weh«, klagte ich und hoffte, er würde mich begnadigen.

»Dreizehn fehlen noch«, sagte er wieder.

Also stieg ich auf die Kiste und packte die Stange. Ich machte einen Klimmzug. Es tat weh. Dann noch einen. Dann änderte ich meinen Griff ein wenig, sodass ich mich mehr mit den Fingern festhielt. Jetzt schmerzte die Hand etwas weniger. Ich machte noch einen und noch einen und dann noch ein paar.

Dann war ich endlich fertig. Einhundert Klimmzüge.

Meine Hände waren wund und blutig. Ich hatte Blut auf dem Hemd. Ich schwitzte. Aber ich hatte es geschafft.

»Gute Arbeit, Marc«, sagte Onkel Jake. Dann fügte er in einem sehr ernsten Ton hinzu: »Wir geben nie auf. Niemals.« Ich nickte. Und fühlte mich gut. Richtig gut.

Am nächsten Tag wollte Onkel Jake, dass ich gar nicht trainiere. Und am Abend ging er mit mir ins Kino und kaufte mir einen doppelten Cheeseburger!

Drei Tage später packte ich die Stange und machte sechs Klimmzüge. Ich war auf dem richtigen Weg. Das Plateau war bezwungen – ich aber nicht.

KAPITEL 19: PRÄSIDENTEN, HAUPTSTÄDTE UND GETTYSBURG

Wenn du bloß eine Minute lang geglaubt hast, dass ich in diesem Sommer nur das Einmaleins lernen musste, dann denk noch einmal nach. Mein Onkel Jake hatte ganz andere Ideen. Er wollte, dass ich noch vieles mehr lernte. Sobald ich das Einmaleins in weniger als drei Minuten aufsagen konnte, fertigte er für mich Lernkarten an, auf denen jeder amerikanische Bundesstaat und seine Hauptstadt stand. Dann wollte er, dass ich den Namen jedes amerikanischen Präsidenten lernte, den wir je gehabt haben. Ich hatte keine Ahnung, wie mir das gelingen sollte!

Also sagte Onkel Jake: »Setz dich!« Dann wies er mich an, jeden einzelnen Präsidenten auf ein Stück Papier zu schreiben. »Wie auf Lernkarten?«, fragte ich.

»Nein, diesmal nicht. Schreib sie einfach auf ein Blatt Papier. In eine Reihe oder in zwei Reihen.«

»Okay.« Onkel Jake ging hinaus und ich holte ein Schulbuch, in dem alle Präsidenten standen.

Dann schrieb ich sie in zwei Reihen auf, wie er gesagt hatte.

Washington
Adams
Jefferson
Madison
Monroe
Adams
Jackson
Van Buren
Harrison
Tyler
Polk
Taylor
Fillmore
Pierce
Buchanan
Lincoln
Johnson
Grant

Harrison
Cleveland
McKinley
Roosevelt
Taft
Wilson
Harding
Coolidge
Hoover
Roosevelt
Truman
Eisenhower
Kennedy
Johnson
Nixon
Ford
Carter
Reagan

Hayes	Bush
Garfield	Clinton
Arthur	Bush
Cleveland	Obama
	Trump

Als ich gerade fertig war, kam Onkel Jake zurück. Ich zeigte ihm die Liste.

»Gut«, sagte er. »Nun wenden wir eine andere Methode an. Du baust dir eine Art Wanderweg.«

»Einen Wanderweg?«, wunderte ich mich.

»Ja, so kannst du dir mehrere Stationen eines Weges einprägen, wenn es bei einer Aufgabe nicht nur um einfache Antworten geht. Zum Beispiel die Präsidenten oder die Gettysburg-Rede.«

»Was ist die Gettysburg-Rede?«, wollte ich wissen.

»Was die Gettysburg-Rede ist? Meinst du das ernst? Na schön, dazu kommen wir später. Zuerst befassen wir uns mit den Präsidenten. Schau sie dir an und präge dir die ersten zehn ein. Ich gebe dir fünf Minuten.« Dann ging er hinaus.

Was sollte ich jetzt bloß tun? Wie konnte ich jemals zehn Namen in fünf Minuten lernen?

Ich schaute auf das Papier hinab: Washington, Adams, Jefferson, Madison, Monroe, Adams, Jackson, Van Buren, Harrison, Tyler. Ich las sie noch einmal durch: Washington, Adams,

Jefferson, Madison, Monroe, Adams, Jackson, Van Buren, Harrison, Tyler. Und noch einmal. Und noch einmal.

Dann kam Onkel Jake zurück. »Hast du sie schon gelernt?«, fragte er. Sollte das ein Witz sein? Nein, es war keiner.

»Nein«, sagte ich. »Nicht einmal annähernd.«

»Das ist schon in Ordnung. Niemand kann so schnell auswendig lernen. Aber du kannst dir diese Namen mit Sicherheit leicht einprägen. Also, schau dir die ersten zehn noch einmal an. Aber konzentriere dich auf die ersten vier.«

Wieder schaute ich auf das Papier hinab und studierte die ersten vier: Washington, Adams, Jefferson, Madison.

Und dann erneut: »Washington, Adams, Jefferson, Madison.«

»Okay«, sagte Onkel Jake und nahm mir das Papier weg. »Leg los.«

»Washington, Adams, Jefferson. Hmmmm … hmmmm …« Ich wusste, dass der Nächste mit einem M anfing, konnte mich aber nicht an den Rest erinnern.

»Mad…«, half mir Onkel Jake.

»Madison?«

»Richtig. Schau dir jetzt wieder die Liste an. Beginne am Anfang, so wie eben. Aber versuche, jedes Mal eine kleine Etappe weiter zu wandern.«

Ich betrachtete das Papier und sah Washington, Adams, Jefferson, Madison, MONROE.

Onkel Jake drehte das Blatt um. Ich fing wieder an. »Washington, Adams, Jefferson, Madison und Monroe?«

»Stimmt«, sagte Onkel Jake. »Und wer kommt nach Monroe?«

»Ich hab wirklich keine Ahnung.«

»Das ist okay. Schau dir die Liste noch einmal an.« Ich tat es und sah, dass Adams nach Monroe kam. Monroe, Adams, Monroe, Adams, Monroe, Adams, dachte ich.

»Fertig?«, fragte Onkel Jake.

»Ich denke schon«, sagte ich.

»Also los. Von Anfang an.«

»Washington, Adams, Jefferson, Madison, Monroe ... Adams."

»Ja!«, sagte Onkel Jake. »So macht man das. Jedes Mal, wenn du nicht weiterweißt, bleibst du stehen. Du schaust auf der Liste nach, welches neue Wort sich an das anschließt, das du bereits kennst. Dann fängst du wieder von vorn an, am Anfang des Weges. Heute Abend brauchst du nur die ersten zehn zu lernen. Morgen früh frage ich dich ab.«

Das wars. Es war eine einfache Methode. Und sie funktionierte! Ich wiederholte die Präsidenten, die ich schon kannte, und wenn ich danach stecken blieb, schaute ich mir die Liste an und versuchte, mir den nächsten Namen einzuprägen. Dann legte ich das Blatt weg und begann wieder am Anfang des Weges. Ich schaffte es nicht immer. Und einige Male patzte ich richtig schlimm. Ich musste sechs Mal die Liste studieren, um mir Van Buren einzuprägen. Was ist das denn für ein Name? Aber ich schaffte es.

Am nächsten Morgen war ich kaum aus dem Bett gestiegen, als Onkel Jake hereinkam. »Also, los gehts!«, sagte er.

»Wohin?«, murmelte ich, immer noch ein wenig benommen.

»Die Präsidenten! Ich will die ersten zehn hören.«

»Ach so«, sagte ich. Die Präsidenten. Dann legte ich los:

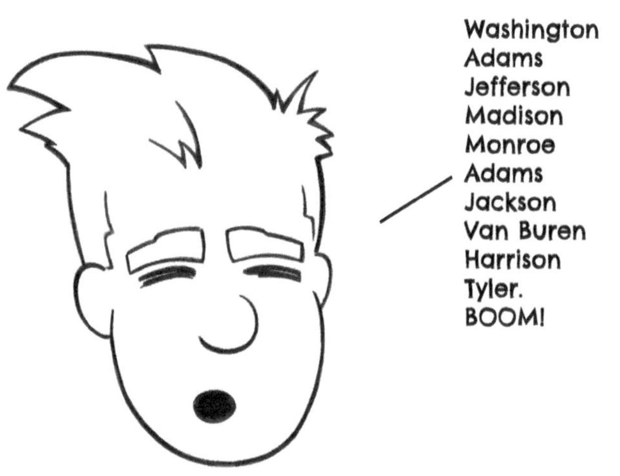

Jetzt lächelte Onkel Jake. »Gut gemacht, Marc«, sagte er. »Gut gemacht.«

»Danke, Onkel Jake.«

Dann gingen wir runter zum Morgentraining.

»So. An den nächsten vier Abenden arbeitest du an den Präsidenten. Sobald du sie dir eingeprägt hast, machst du mit der Gettysburg-Rede weiter.«

»Du hast mir immer noch nicht gesagt, was das ist, Onkel Jake.«

»Nun, zuerst musst du etwas über die Schlacht von Gettysburg wissen«, sagte Onkel Jake. Dann erzählte er mir alles darüber. Es war die entscheidende Schlacht im amerikanischen Bürgerkrieg im Jahr 1863, bei dem es um die Abschaffung der Sklaverei ging. Sie fand in der Nähe von Gettysburg in Pennsylvania statt. Fast fünfzigtausend Männer starben während der dreitägigen Kampfhandlungen oder sie wurden verwundet. Als die Schlacht vorbei war, kam Präsident Lincoln nach Gettysburg, um an dieser Stelle einen Soldatenfriedhof einzuweihen. Seine berühmte Ansprache heißt Gettysburg-Rede. Obwohl sie so kurz war und Lincoln nur zwei Minuten sprach, war sie eine der besten Reden, die je gehalten wurden, sagt Onkel Jake. Ich habe sie aus einem Geschichtsbuch abgeschrieben:

»Vor siebenundachtzig Jahren gründeten unsere Väter auf diesem Kontinent eine neue Nation, in Freiheit gezeugt und dem Grundsatz geweiht, dass alle Menschen gleich geschaffen sind. Nun stehen wir in einem großen Bürgerkrieg, der eine Probe dafür ist, ob diese Nation dauerhaft Bestand haben kann. Wir haben uns auf einem großen Schlachtfeld dieses Krieges versammelt. Wir sind gekommen, um einen Teil dieses Feldes jenen als letzte Ruhestätte zu weihen, die hier ihr Leben gaben, damit diese Nation leben möge. Es ist nur recht und billig, dass wir dies tun. Doch in einem höheren Sinne können wir diesen Boden nicht weihen, können wir ihn nicht segnen, können wir ihn nicht heiligen. Die tapferen Männer, Lebende wie Tote, die hier kämpften, haben ihn weit mehr geweiht, als dass unsere schwachen Kräfte dem etwas hinzufügen oder etwas davon wegnehmen könnten. Die Welt wird wenig Notiz davon nehmen, noch sich lange an das erinnern, was wir hier sagen, aber sie kann niemals vergessen, was jene hier taten. Es liegt vielmehr an uns, den Lebenden, das unvollendete Werk weiterzuführen, das diejenigen, die hier kämpften, so weit und so edelmütig vorangebracht haben.

Es ist an uns, der großen Aufgabe gerecht zu werden, die noch vor uns liegt, auf dass wir hier feierlich beschließen, dass diese Toten nicht vergebens gestorben sein sollen – auf dass diese Nation, unter Gott, eine Wiedergeburt der Freiheit erleben soll – und auf dass die Regierung des Volkes, durch das Volk und für das Volk, nicht von der Erde verschwinden möge.«

Onkel Jake sagte, jeder sollte sich diese Rede einprägen. Da stimme ich ihm zu.

KAPITEL 20: AUF DER MATTE: MARC GEGEN GOLIATH

Heute hat sich meine ganze Welt geändert!

Am Nachmittag ging ich in den Jiu-Jitsu-Kurs. Als ich die Matte betrat, traf ich dort einen neuen Jungen. Er war ungefähr so alt wie ich, vielleicht ein Jahr älter, aber viel, viel schwerer als ich. Er war so groß wie Kenny Williamson, womöglich noch größer. Wirklich stark.

Wie an den anderen Tagen, an denen neue Kinder in den Kurs kamen, nahm der Lehrer den Neuen beiseite und zeigte ihm die Grundlagen des Jiu-Jitsu, während wir uns aufwärmten und unsere Übungen machten. Der Neue hieß Jimmy. Nach dem Aufwärmen setzten wir uns und der Lehrer zeigte uns ein paar neue Griffe. Wir übten sie und dann begannen die Kämpfe.

Ich kämpfte ein paar Runden gegen die Schüler, die immer da waren. Eine gegen Jeff, eine gegen Craig, eine gegen Andy, eine gegen Nora und eine gegen Dean. Einige von ihnen besiegten mich und ein paar Mal siegte ich selbst. Die Gewinner waren meist diejenigen, die am längsten oder härtesten trainiert hatte. Wer die größte Erfahrung hat, gewinnt.

Während ich mit den anderen übte, stand Jimmy an der Seite und schaute zu. Dann sagte der Lehrer: »Marc, komm her und trainiere mit Jimmy, okay?«

Ich ging rüber zu Jimmy. Jetzt, als ich neben ihm stand, merkte ich, wie riesig er wirklich war! Er war eindeutig noch größer als Kenny Williamson. Ich streckte die Hand aus. Jimmy ergriff und drückte sie – nicht so fest, als wolle er mir wehtun, aber so, dass ich spürte, wie irre stark er war. Allmählich wurde ich nervös. *Was passiert, wenn dieses Monster durchdreht und versucht, mich zu verletzten? Was ist, wenn er gar nicht weiß, wie stark er ist und mir einen Arm oder ein Bein oder das Rückgrat bricht?*

Meine Anspannung verwandelte sich rasch in Furcht. Ich hatte Angst. Also sagte ich zum Lehrer: »Er ist viel stärker als ich. Wäre es nicht besser, wenn er mit den großen Jungs trainieren würde?«

Der Lehrer lächelte und sagte: »Mach dir keine Sorgen. Geht auf die Matte und übt.«

Wir klatschten einander ab und dann fingen wir an.

Immer noch ängstlich, umkreiste ich Jimmy in einigem Abstand. Er schien zu zögern und mich zu beobachten, als warte er darauf, dass etwas geschah. Ich umkreiste ihn weiter. Er wartete immer noch ab.

Dann fiel mir etwas auf. Jimmy wartete ab, weil er keine Ahnung hatte, was er tun sollte. Er wusste gar nichts.

Er kannte keine Takedowns, keine Armhebel, keine Würgegriffe – nichts. Er wusste nicht, wie man kämpft.

Nun bin ich zwar kein Profi, aber ich habe in den letzten sechs Wochen im Jiu-Jitsu-Kurs eine ganze Menge gelernt. Darum sagte der Lehrer, ich solle mir keine Sorgen machen. Er wusste, dass ich kämpfen konnte.

Als ich Jimmy ansah, wurde ich zuversichtlicher und beschloss, die Initiative zu übernehmen.

Ich griff mit einer Hand nach Jimmys Gesicht, um ihn einen Augenblick abzulenken. Er zwinkerte und griff nach oben, um meine Hand zu blockieren. In diesem Moment tauchte ich ab und packte seine Beine, um ihn niederzuwerfen. Blitzschnell hatte ich seine Beine umklammert. Ich drückte sie zusammen, während ich ihn mit dem Kopf nach hinten und seitwärts schob. Da er keinen Schritt nach hinten machen konnte, um sein Gleichgewicht zu bewahren, weil ich seine Beine umklammerte, fiel er einfach um. Er fiel auf

die Matte, und ich hatte ihn sofort im Griff und hielt ihn unten fest. Er drückte heftig dagegen, aber das nützte ihm nichts. Obwohl er schwerer und stärker war als ich, konnte er nichts mehr ausrichten. Er kannte überhaupt keine Technik – und im Jiu-Jitsu triumphiert die Technik über Größe und Kraft.

Dann setzte ich mich in der Mount-Position auf Jimmys Brustkorb. Sofort begann er, zu strampeln und sich zu winden, und nach einer Weile drückte er mit geraden Armen gegen meine Brust und versuchte, mich wegzustoßen. Genau das tun Leute, die nichts vom Jiu-Jitsu verstehen. Darum haben wir Hunderte Male geübt: Wenn jemand dich herunterstoßen will, öffnet er die Arme weit, sodass du

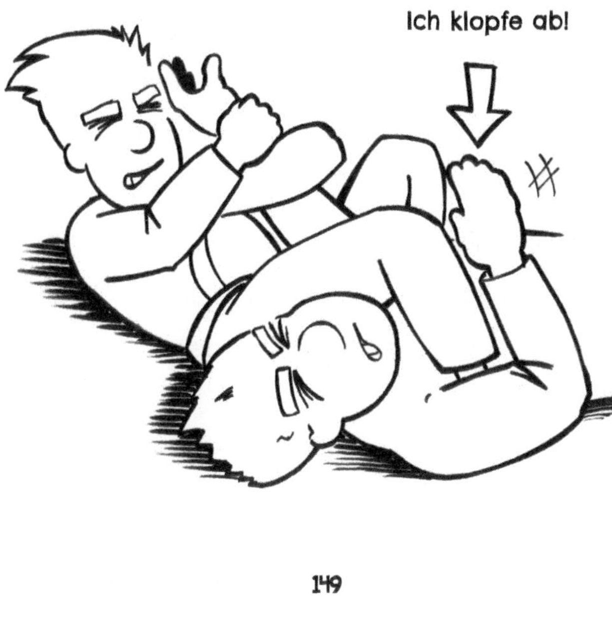

einen Armhebel ansetzen kannst. Genau das tat ich: Blitzschnell drehte ich mich um, schwang ein Bein über seinen Kopf und lehnte mich zurück, während ich seinen Arm festhielt. Sobald ich seinen Arm gestreckt hatte, presste ich die Beine zusammen und hob langsam die Hüften, um Druck auszuüben. Fast sofort klopfte Jimmy ab.

Ich klopfe ab!

Das wars! Ich hatte soeben einen Jungen zum Aufgeben gezwungen, der schwerer als Kenny Williamson war! Ich konnte es fast nicht glauben. Als ich den Lehrer ansah, der zugeschaut hatte, nickte er mir lächelnd zu. Dann sah er mich streng an, um mich daran zu erinnern, dass ich im Sieg und in der Niederlage bescheiden bleiben und sportliches und ehrenhaftes Verhalten an den Tag legen musste.

Ich richtete mich auf, half Jimmy beim Aufstehen und sagte: »Gut gemacht. Du bist wirklich stark.«

Er sah enttäuscht und überrascht aus und erwiderte: »Na ja, genützt hat es mir nichts. Du bist echt gut in diesem Sport.«

Bleib bescheiden, dachte ich und sagte: »Ich habe eben länger trainiert als du. Keine Sorge. Es ist leicht zu lernen und du kapierst es schnell, wenn du fleißig trainierst.«

»Oh, ich komme auf jeden Fall wieder. Mach dir darüber keine Gedanken.«

Das tat ich auch nicht. Ich freute mich sogar. Jimmy war nett, aber er war auch groß und stark. Also konnte ich jetzt mit jemandem trainieren, der ebenso groß wie Kenny Williamson ist. *Je mehr ich trainiere, desto mehr Selbstvertrauen gewinne ich.* Darum freute ich mich darüber, dass Jimmy weitermachen wollte. Genau wie ich!

KAPITEL 21: SUPERMAN SPRINGT!

Heute hab ich etwas gelernt, was ich nie mehr vergessen werde. Und zwar über die Angst – und wie man sie überwindet.

Seit ich allein durch den Fluss geschwommen war, fiel mir das Schwimmen leichter. Onkel Jake fährt immer noch jeden zweiten Tag mit mir zum Fluss und wir haben eine Menge Spaß. Ich fühle mich jetzt ziemlich wohl im Wasser und kann mühelos zum anderen Ufer und zurück schwimmen. Beim Wassertreten bin ich ganz entspannt. Und unter Wasser komme ich sogar bis zur Mitte des Flusses.

Aber heute habe ich das alles beinahe vergessen. Heute hatte ich Angst, weil Onkel Jake wollte, dass ich von der Brücke ins Wasser springe.

Ich hatte damit gerechnet, dass wir das Schwimmtraining fortsetzen würden. Wir gingen zum Fluss hinunter und schwammen herum wie üblich. Dann rief Onkel Jake mich hinüber auf den kleinen Sandstrand. Ich schwamm zu ihm und stellte dabei ein wenig meine Schwimmkünste zur Schau.

Als ich ankam, sagte er: »Heute ist der Tag.«

Ich wusste nicht, was er meinte. »Welcher Tag?«, fragte ich.

»Die Brücke«, sagte er und nickte in Richtung der riesigen Brücke, die den Fluss überspannte.

Aus irgendeinem Grund – ich kann nicht erklären, warum – geriet ich in Panik. *Die Brücke?*, dachte ich. *Die Brücke!* Sie war sehr hoch, und obwohl ich mich im Wasser wohlfühlte, drehte ich schier durch, als ich mir vorstellte, von der Brücke zu springen und im Wasser zu landen. Ich fand, der heutige Tag sei vielleicht nicht ideal für den Brückensprung, und tat so, als sei das keine große Sache.

»Ich glaube, ich schwimme heute lieber, Onkel Jake. Wir können ja nächstes Mal von der Brücke springen.« Kaum hatte ich diesen Satz beendet, wandte ich mich wieder dem Fluss zu, um weiterzuschwimmen.

»He!«, sagte Onkel Jake schnell. Ich versuchte, ihn nicht zu beachten.

»He!«, bellte er, dieses Mal lauter und strenger. Ich wusste, dass ich ihn nicht länger ignorieren konnte. Also drehte ich mich zu ihm um.

»Du wirst heute von dieser Brücke springen«, sagte er auf seine nüchterne Art. Das bedeutete, dass er seine Entscheidung bereits getroffen hatte und nicht mehr zurücknehmen würde.

Trotzdem versuchte ich, ihn umzustimmen. »Das ist okay, Onkel Jake. Aber heute will ich einfach nur schwimmen. Übermorgen –«

»Es ist nicht okay«, unterbrach mich Onkel Jake. »Du springst von der Brücke. Heute.«

Ich wusste, dass jede Diskussion nutzlos war. Wenn Onkel Jake einen Entschluss gefasst hat, lässt er nicht mehr mit sich reden. Wichtiger noch: Tief im Inneren wusste ich, dass er recht hatte. Ich war bereit, von der Brücke zu springen. Ich hatte bloß eine Heidenangst!

»Okay, okay, okay«, sagte ich und versuchte, einen gelassenen Eindruck zu machen, während ich langsam am Ufer entlang auf die Brücke zuging.

»Ich schaue dir von hier unten aus zu«, sagte Onkel Jake.

»Okay«, wiederholte ich leise. Ich ging weiter, und mit jedem Schritt fürchtete ich mich mehr vor dem Sprung. Die Zeit schien langsamer zu vergehen. Ich weiß nicht einmal, warum ich so ängstlich war – aber ich war es!

Irgendwann erreichte ich die Stelle auf der Brücke, von wo ich springen sollte. Ich schaute in die Tiefe. Wieso war der Fluss so weit unten?

»Okay, auf gehts, Marc!«, schrie Onkel Jake zu mir hinauf. Ich konnte nicht einmal antworten und stand einfach nur da.

»Los, Marc. Spring!«

Immer noch konnte ich nichts sagen. Aber ich stieg über das niedrige Geländer der Brücke und schob mich auf den Rand zu. Ich schaute geradeaus und wollte tatsächlich schon springen. Aber dann blickte ich nach unten und blieb einfach stehen, von Angst überwältigt.

»Was ist los, Marc?«, schrie Onkel Jake zu mir hinauf.

Ich wusste nicht, was ich sagen sollte.

»Stimmt etwas nicht?«, fragte er noch lauter.

Ich setzte mich auf den kleinen Sims am Rand der Brücke.

Dann sah ich, wie Onkel Jake hinaufkam. Wahrscheinlich wollte er mich anschreien – oder runterwerfen!

Doch als er neben mir stand, schrie er überhaupt nicht. Wenn ich es mir recht überlege, schreit er nur selten.

»Was ist denn los, Kumpel?«, fragte er mit ruhiger Stimme.

»Ich weiß nicht ...«, sagte ich. »Ich hab einfach ...«

»Du hast Angst, stimmts?«, fragte Onkel Jake. Aber er wusste es schon. Er wusste, dass ich mich fürchtete.

Leugnen hatte keinen Sinn. Onkel Jake wusste Bescheid.

»Ja«, sagte ich einfach, beschämt darüber, dass ich Angst hatte.

Dann sagte Onkel Jake zu meiner Überraschung: »Das ist normal.«

»Was?«, erwiderte ich verblüfft.

»Ich sagte, das ist normal. Du tust etwas, was du nie zuvor getan hast. Darum ist es normal, dass du ein wenig zögerst. Das nennt man Angst. Es ist ein ganz normales Gefühl – und es ist okay.« Dann fügte er hinzu: »Nun ja, es ist okay, sofern du deine Angst in den Griff bekommst.«

Das ergab keinen Sinn. »Wie soll ich sie denn in den Griff bekommen? Und wie kannst du das wissen? Du hast schließlich vor gar nichts Angst.«

Onkel Jake blieb eine Minute stumm sitzen. Dann sagte er: »Ich wünschte, du hättest recht.«

»Was meinst du damit?«, fragte ich.

»Also, du meinst, ich fürchte mich vor nichts. Das stimmt

einfach nicht. Angst ist normal. Sie ist sogar gut. Sie warnt dich, wenn es gefährlich wird. Sie sorgt dafür, dass du dich vorbereitest. Sie erspart dir eine Menge Ärger. Deshalb ist nichts falsch daran. Aber Angst kann dich auch überwältigen. Sie kann unsinnig sein. Oder dazu führen, dass du erstarrst und falsche Entscheidungen triffst oder zögerst, wenn du handeln musst. Du solltest also lernen, deine Angst unter Kontrolle zu bekommen. Und zwar jetzt sofort.«

»Okay. Das hört sich toll an und ich würde dir wirklich gerne den Gefallen tun und meine Angst überwinden – aber ich weiß nicht wie!«

Onkel Jake dachte kurz nach, dann sagte er: »Gut, den ersten Schritt hast du bereits getan. Das ist die Vorbereitung. Du hast lange daran gearbeitet, deine Angst vor dem Wasser in den Griff zu bekommen. Zuerst bist du nur mit dem Kopf untergetaucht, später bist du dann durch den Fluss und wieder zurück geschwommen. Du hast kleine Sprünge vom Ufer aus gemacht. Mehrere Wochen lang hast du dich auf den großen Sprung vorbereitet. Das alles hilft dir, die Angst zu überwinden. Stell dir vor, wie du dich fürchten

würdest, wenn du noch nicht schwimmen könntest! Es wäre ein Schock. Aber jetzt bist du so weit.«

»Warum habe ich dann trotzdem Angst?«, fragte ich Onkel Jake.

»Ganz einfach«, sagte er. »Weil du trotz alledem ein Stückchen ins Unbekannte springen wirst. Du bist nie zuvor aus dieser Höhe gesprungen, darum weißt du nicht, wie sich das anfühlt. Menschen fürchten sich vor dem, was sie nicht kennen oder nicht verstehen. Aber du bist vorbereitet. Du weißt, dass es ungefährlich ist. Du weißt, dass du bereit bist. Du musst nur noch dieses kleine Stückchen Furcht überwinden. Und weißt du, wie das geht?«

»Keine Ahnung«, sagte ich.

»Du springst.«

»Einfach springen?«, fragte ich Onkel Jake. Jetzt war ich fast davon überzeugt, dass er scherzte.

»Ja. Du springst einfach. Weißt du, die Angst lebt nur im Augenblick – in diesem mächtigen Augenblick – zwischen deinem Entschluss, etwas zu tun, und der Tat selbst. Sobald du handelst, sobald du beginnst, fürchtest du dich nicht mehr. Du überwindest die Furcht, indem du springst. Das gilt für viele Lebensbereiche. Für das Fallschirmspringen. Für das Reden in der Öffentlichkeit. Für Klassenarbeiten. Für Wettläufe. Für Jiu-Jitsu. Immer wartet die Angst auf dich. Aber wenn du dich vorbereitet hast, wenn du trainiert und gelernt und geplant hast, bleibt nur noch eines übrig: Leg los.«

»Das ist alles?«

»Ja, das ist alles.«

Kaum hatte Onkel Jake das gesagt, stand er auf, sah mich an, schrie »Huujah!« und sprang von der Brücke.

Spring einfach, dachte ich. Ich erhob mich auf dem Sims und schaute zu Onkel Jake hinab, der eben auftauchte und mit einem breiten Grinsen zu mir hinaufsah.

»Huujah!«, schrie ich aus voller Brust und machte einen Schritt über den Rand der Brücke hinaus, an meiner Angst vorbei und ins Unbekannte. Ich spürte, wie ich eine Weile fiel. Dann – *platsch* – war ich im Wasser! Ich schwamm an die Oberfläche und grinste ebenfalls breit.

»Ich kann fliegen!«, schrie ich. »Ich kann fliiiiiegen!«

Onkel Jake lachte, stieg ans Ufer, rannte auf die Brücke und sprang erneut. Und ich folgte ihm, ohne zu zögern. Das wiederholten wir immer und immer wieder. Und die Angst? Die war weg. Ich brauchte mich nur vorbereiten und dann den ersten Schritt tun – springen!

KAPITEL 22: ZEHN!

Ich hätte nie gedacht, dass dieser Tag je kommen würde. Onkel Jake ließ mich zwei Tage lang ausruhen, anstatt morgens zu trainieren. Am ersten Morgen gingen wir zum Frühstücken aus. Am folgenden Tag frühstückten wir zu Hause und er zeigte mir, wie man Schach spielt. Es kam mir schwierig vor, aber wenn man es verstanden hat, ist es ziemlich einfach.

Nach diesen beiden Ruhetagen trafen wir uns morgens zum Training.

»Heute ist der große Tag«, sagte Onkel Jake.

»Wieso?«, fragte ich.

»Du wirst schon sehen«, sagte Onkel Jake. »Häng dich an die Stange und mach einen Klimmzug.«

»Einen?«, fragte ich. Ich konnte nicht glauben, dass Onkel Jake einen einzigen Klimmzug von mir sehen wollte.

»Ja, nur einen«, bestätigte er.

Ich sprang zur Stange hoch und machte einen Klimmzug. Ich war ein wenig steif, aber es fühlte sich ziemlich leicht an.

»Und jetzt noch einen«, befahl Onkel Jake.

»Nur einen?«, fragte ich.

»Ja, nur einen.«

Ich packte die Stange und zog das Kinn über die Stange. Jetzt war ich etwas wärmer und fühlte mich sogar stärker. Dann musste ich noch einen und noch einen und noch einen machen. Je wärmer und lockerer ich wurde, desto stärker fühlte ich mich. Dann sagte Onkel Jake: »Jetzt ruhst du dich etwa zwei Minuten aus.« Ich streckte die Arme ein wenig und wartete. Dann sagte Onkel Jake: »So. Spring rauf und mach zehn Klimmzüge.«

Das hätte ich mir denken können. Seltsamerweise machte ich mir keine Sorgen. Ich fühlte mich echt stark, als könne ich es tatsächlich schaffen. »Okay«, sagte ich.

Ich stieg auf die Kiste und packte die Stange. Onkel Jake sagte: »Los!«. Und ich begann, mich hochzuziehen.

Einer. Zwei. Drei. Vier. Ich spürte diese vier nicht einmal. Fünf. Sechs. Sieben. Jetzt fühlte ich mich etwas müde, aber nicht sehr. Ich war drauf und dran, meinen Rekord zu brechen! Acht. So viele hatte ich noch nie im Leben geschafft!

Und ich war noch nicht fertig. Wieder zog ich. Neun. Ja! Noch ein Rekord. Ich war ein wenig müde, aber ich wusste, dass ich noch einen in mir drin hatte. Also zog ich mein Kinn wieder über die Stange. »Zehn!«, sagte Onkel Jake. Ich ließ die Stange los. Dann sprang ich in die Luft.

»Ich habs geschafft!«, schrie ich, berichtigte mich aber sofort: »*Wir* haben es geschafft!«

Onkel Jake klatschte mich ab und sagte dann: »Nein, das waren nicht wir. *Du* warst es. Ich habe dir vielleicht erklärt, was du tun sollst, aber es gibt keinen Zweifel daran: Du hast es selbst geschafft.«

»Aber ohne dich wäre es mir nie gelungen, Onkel Jake«, sagte ich.

»Mag sein. Aber du hast dich angestrengt. Du hast trainiert. Du hast die Klimmzüge gemacht. Gute Arbeit, Marc.« Dann fügte er hinzu: »Und jetzt geh rauf und mach noch eine Zehnerserie.«

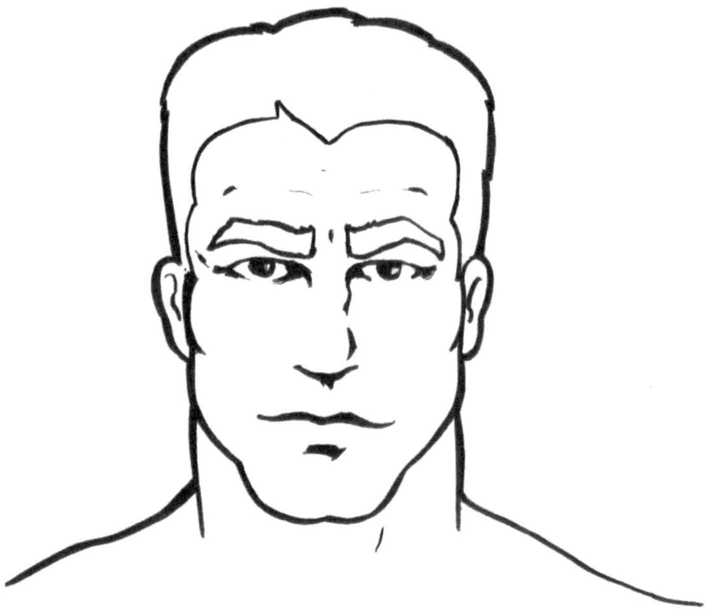

Genau das tat ich! Ich sprang zur Stange hoch und war imstande, weitere zehn Klimmzüge zu machen. Und dann noch einmal zehn. Und danach neun und dann zwei Achterserien, ein Mal sieben, vier Mal sechs, zwei Mal fünf, zwei Mal vier, dann drei, zwei und einen.

Das wars! Jetzt war ich offiziell ein Junge, der zehn Klimmzüge schaffte. Ich brauchte mich in der Schule nicht mehr vor der Klimmzugstange zu verstecken. Keine Blamage mehr, weil ich zu schwach war. Das hier war echt. Als ich darüber nachdachte, sah ich Onkel Jake an und sagte: »Danke.«

»Kein Problem, Marc. Aber vergiss nicht: Es geht nicht nur um Klimmzüge. Du weißt, worum es noch geht?«

Ich war mir nicht sicher.

Onkel Jake hielt mich an den Schultern fest, sah mir in die Augen und sagte mit feierlicher Stimme: »Es geht um *alles*. Alles. Denk dran: Vor zwei Monaten hast du keinen einzigen Klimmzug geschafft. Jetzt machst du zehn. Alles, was du dafür gebraucht hast, waren ein guter Plan und Disziplin, um den Plan in die Tat umzusetzen. Um zu handeln. Darauf kommt es an. Und du kannst diese Methode auf fast alles anwenden. Wenn du bereit bist zu arbeiten, kannst du Pläne *verwirklichen*. Wie gesagt, niemand nimmt dir die Arbeit ab. Klar, vielleicht hilft dir jemand zwischendurch. Aber vielleicht auch nicht. Wer weiß das schon? Aber eines wissen wir: Mit intensiver Arbeit und Disziplin kannst du viel erreichen. Du musst deine Pläne selbst verwirklichen. Genau das hast du getan und du kannst es fast in allen Lebensbereichen tun. Vergiss das nicht.«

»Bestimmt nicht, Onkel Jake«, sagte ich. Er hatte hundertprozentig recht. Die Leute sagen, man kann alles im Leben erreichen. Aber sie sagen dir nicht, dass du dafür arbeiten musst.

Mit harter Arbeit ist alles möglich.

KAPITEL 23: AUF MICH ALLEIN GESTELLT

Erst als ich gestern Abend sah, dass Onkel Jake seine Sachen packte, begriff ich, dass er abreisen wollte. Der Sommer war vorbei und Onkel Jake verließ uns. Ich habe wohl ziemlich traurig dreingeschaut, denn er fragte mich, was mit mir los sei.

»Was los ist? Du reist ab, das ist los.«

»Ja, klar, aber du wirst wieder in die Schule gehen und mit allen deinen Kumpels zusammen sein.«

»Ich weiß, aber ...« Ich wusste nicht, wie ich meine Gefühle ausdrücken sollte.

»Aber was?«, fragte Onkel Jake.

»Aber keiner meiner Kumpel kann mir helfen, stark zu sein. Keiner kann mir beibringen, etwas zu tun, was ich jetzt noch nicht schaffe. Und keiner ist so ein Kämpfer wie du.«

»Hmmm«, murmelte Onkel Jake. Zum ersten Mal hatte ich den Eindruck, dass er ratlos war.

»Wie kann ich stärker und schlauer und besser werden, wenn du nicht da bist? Wie soll ich ganz allein ein Kämpfer werden?«

Onkel Jake sah mich streng an. Dann sagte er: »Tatsache ist, du brauchst mich nicht, um ein Kämpfer zu sein. Ein Kämpfer ist oft allein. Dafür kann es viele Gründe geben. Vielleicht wurde er zurückgelassen oder er hat seine Kameraden verloren. Vielleicht hat er auch eine Aufgabe bekommen, die ihn weit hinaus führte, allein. Das alles spielt keine Rolle. Der Kämpfer bleibt stark. Er muss auch dann überleben können, wenn er auf sich allein gestellt ist.«

Nur mein Onkel Jake konnte mir Einsamkeit als cool verkaufen. Aber ich nahm es ihm immer noch nicht ab. »Okay, aber wer wird mit mir trainieren und mir beim Lernen helfen? Wer wird dafür sorgen, dass ich morgens aufstehe? Dass ich nicht in meinen alten, faulen Trott zurückfalle?«

Onkel Jake antwortete sofort: »Dafür brauchst du mich nicht mehr. Im Grunde hast du mich nie gebraucht. Klar, ich hab dir den Weg gezeigt, aber den hättest du auch selbst finden können. Du weißt, was du tun musst, um auf dem Weg des Kämpfers zu bleiben. Intensive Arbeit. Selbstdisziplin. Lernen. Gesundes Essen. Dein Zimmer und deine Sachen in Ordnung halten. Dir neue Ziele setzen und daran arbeiten, sie zu erreichen. Trainiere weiter Jiu-Jitsu. Das alles weißt du. Das alles kannst du sogar deinen Freunden beibringen und mit ihnen üben. Genau das sollst du auch tun. Sei ein Anführer, hilf deinen Freunden, stärker, schlauer und besser zu werden. Zeig ihnen, wie sie das Beste aus sich herausholen. Du hast dich in diesem Sommer sehr verändert. Das werden die anderen merken. Wenn du vorausgehst, werden sie dir folgen.«

»Ich weiß nicht, ob ich bereit bin, Anführer zu werden«, sagte ich, während ich überlegte, wie das sein würde.

»Viele wissen nicht, dass sie das Zeug zum Anführer haben. Aber glaub mir, du bist so weit.

Du kennst den Weg. Und du bist bescheiden. Das ist am wichtigsten, wenn du Anführer sein willst. Denk dran, dass du nicht alles weißt. Hör zu und nimm den Rat anderer Leute an. Sei immer bereit, zu lernen und besser zu werden. Das sind Eigenschaften, die ein Anführer braucht, und du hast sie. Vertraue mir, Marc, dir steht ein großartiges Schuljahr bevor.«

Dann machte Onkel Jake mit dem Packen weiter. Am nächsten Morgen fuhren ihn Mama und ich zum Flughafen. Als wir dort ankamen, wurde ich traurig und sagte nicht viel. Wir hielten am Straßenrand, um Onkel Jake abzusetzen.

Ich stieg aus, um mich zu verabschieden.

Mama stieg ebenfalls aus. Sie umarmte Onkel Jake und sagte: »Danke. Für alles.« Nachdem sie *alles* gesagt hatte, sah sie mich an. Sogar meine Mutter hatte bemerkt, wie sehr Onkel Jake mir geholfen hatte.

Er umarmte mich, dann griff er in seinen Rucksack, zog eine kleine Schachtel heraus und gab sie mir. »Das ist für dich, Warrior Kid.« Er streckte die Hand aus. Ich ergriff sie und drückte sie ordentlich. »Besser«, sagte er. »Aber an deinem Griff musst du weiter arbeiten.« Dann drehte er sich einfach um und ging.

Ich war traurig, aber nicht so traurig, wie ich befürchtet hatte. Ich öffnete die Schachtel. Sie enthielt eine Armbanduhr, genau so eine, wie Onkel Jake sie hatte. Ein kleiner Brief war auch dabei: *Die Uhr wird dir helfen, diszipliniert zu bleiben, weil sie dich in jeder Sekunde des Tages daran erinnert, immer besser zu werden. Ich habe den Alarm schon auf den frühen Morgen eingestellt. Der Kompass wird dich daran erinnern, auf dem Weg des Kämpfers zu bleiben. Disziplin ist gleich Freiheit. Onkel Jake.*

Ich legte die Uhr um und ich glaube nicht, dass ich sie jemals wieder abnehmen werde.

KAPITEL 24: ZURÜCK IN DER SCHULE – DIE ERSTEN TAGE

Tja, der erste Tag der sechsten Klasse war total anders als mein letzter Tag in der Fünften. Er war fantastisch! Wo soll ich anfangen?

Alles begann im Matheunterricht. Wir schrieben einen Test, bei dem es um das Einmaleins ging. Dafür hatten wir fünfzehn Minuten Zeit. Ich war nach sechs Minuten fertig und als ich später meine Antworten überprüfte, waren alle richtig!

$8 \times 8 = 64$

$7 \times 9 = 63$

$4 \times 6 = 24$

$5 \times 5 = 25$

$3 \times 9 = 27$

Kurz vor der Pause machten wir einen »Fitness-Basistest«: zwei Minuten Liegestütze, zwei Minuten Rumpfbeugen und natürlich so viele Klimmzüge wie möglich. Ich schaffte zweiundachtzig Liegestütze, einundneunzig Rumpfbeugen und vierzehn Klimmzüge! Nur ein Junge in meiner Klasse übertraf mich: Taylor, der superstark ist und sechzehn schaffte. Aber es war echt krass! Zwei Mitschüler wussten noch, dass ich voriges Jahr keinen Einzigen geschafft hatte. Sie beobachteten mich wie Falken, als ich zur Stange ging, und ich wusste, dass sie es kaum erwarten konnten, mich zu verspotten.

Als ich fertig war – und beide übertroffen hatte –, fragten sie mich stattdessen, wieso mir so viele Klimmzüge gelungen seien. Ich antwortete mit einem einzigen Wort: »Training.«

Kurze Zeit später ertönte die Pausenklingel und alle Kinder strömten auf den Schulhof. Ich ging rüber zum Klettergerüst. Natürlich war Kenny Williamson dort. Schon am ersten Schultag mobbte er seine Mitschüler und ließ sie nicht ans Klettergerüst. Das durften nur er und ein paar seiner sogenannten Freunde benutzen. Ein paar andere Kinder standen ein Stück entfernt herum und trauten sich nicht näher heran.

Ich hatte keine Angst. Ich ging einfach darauf zu und stieg die Stufen zur Plattform hinauf, die zum Klettergerüst führt. Ich schwang mich über die Stangen und als ich auf der anderen Seite hinuntersprang, wartete Kenny schon auf mich.

»Was zum Teufel tust du da, Marc?«, knurrte er mich an. Ich tat ganz unschuldig. »Ich? Ich klettere ein bisschen herum.«

»Das darfst du nicht. Dieses Klettergerüst gehört mir«, sagte Kenny drohend und kam etwas näher auf mich zu.

»Das ist nicht dein Klettergerüst, Kenny. Es gehört uns allen«, erwiderte ich mit ruhiger Stimme.

Er war ganz offensichtlich verblüfft. Niemand hatte ihn jemals zuvor herausgefordert. Das gefiel ihm nicht und darum schrie er: »Nein, dieses Ding gehört mir. Ich bin der König der Kletterburg!« Ein paar andere Kinder begannen, sich um uns herum zu versammeln und schauten zu.

»Nein, Kenny. Du bist *nicht* der König der Kletterburg. Nicht mehr«, teilte ich ihm mit. Die anderen erschraken, als sie das hörten.

»Du wirst gleich sehen, wer hier der König ist, wenn ich dir dein kleines Gesicht demoliert habe«, drohte Kenny. Er hob die Hände und ballte sie zu Fäusten. Jetzt schauten uns noch mehr Kinder zu und man hätte eine Stecknadel fallen gehört. Alle erwarteten, dass Kenny mich zermalmen würde.

Dann wurde es richtig ernst, ernster als je zuvor in meinem Leben. Ich war noch nie so gelassen gewesen. Ich war nicht wütend. Aber ich war bereit. All das Training, das Ringen, das Sparring und die Klimmzüge. Ich wusste ganz genau, dass ich ihn besiegen würde. Also trat ich näher an ihn heran und sagte: »Na los, probiers doch. Ich verspreche dir, dass ich dir eine Lektion erteilen werde, die du nie mehr vergisst.«

Ich war selbst ein wenig überrascht über meine Worte. Und Kenny war ganz sicher verdutzt. Ich sah, dass sich etwas in seinen Augen veränderte. Nach dem vielen Training und Sparring war ich mir sicher, dass ich ihn in einem Kampf besiegen konnte, und jetzt schien er das ebenfalls zu wissen. Und mir wurde klar, dass er seit Jahren größer und stärker und gemeiner gewesen war als alle anderen und dass sich deshalb nie jemand gegen ihn gewehrt hatte – und er hatte nie richtig gekämpft. Ganz plötzlich bekam er Angst. Er ließ die Hände sinken und machte einen Schritt zurück. Dann blickte er zu Boden und ging weg. Die Kinderschar stieß einen Seufzer aus. Ich drehte mich um und sprang wieder auf das Klettergerüst, diesmal etwas höher. Die anderen standen einfach nur da und schauten mir zu. Ich winkte ihnen und forderte sie auf, sich mir anzuschließen. Ein Junge kam auf mich zu. Dann noch einer und dann noch einer. Bald hingen überall am Klettergerüst Kinder herum und spielten und schaukelten. Es war großartig.

Außer Kenny. Er saß allein und mit gesenktem Kopf auf einer Bank. Sogar die Kinder, die ihm sonst nachliefen, waren fort. Dann erinnerte ich mich daran, was ich im Jiu-Jitsu-Kurs und von Onkel Jake gelernt hatte: Behandle andere Menschen respektvoll. Also ging ich zu ihm und sagte: »Hi, Kenny.«
Er schaute zu mir auf und sagte: »Was?«

»Das Klettergerüst ist für alle da. Auch für dich. Komm mit rüber.« Ich machte eine Kopfbewegung zu den anderen hin, drehte mich um und ging zurück. Nach ein paar Schritten schaute ich über die Schulter. Kenny saß immer noch da und sah mich an. Ich winkte ihm noch einmal. Er rührte sich nicht. Also lächelte ich ihn an und winkte erneut. Er brachte ein kleines Lächeln zustande, stand auf und kam auf mich zu. Als wir zum Klettergerüst gingen, sagte ich: »Machen wir ein Wettrennen bis ganz nach oben.«

Kenny sah überrascht aus, bis ich sagte: »Los! Dann begannen wir beide zu laufen.

Er schlug mich ganz knapp und als ich oben war, hielt er mir die Hand zum Abklatschen hin.

Trotzdem war Kenny nicht mehr der König. Und er mobbte auch niemanden mehr. Er war jetzt einfach ein normales Kid.

Das war nur der erste Schultag, aber ich wusste, dass dieses Jahr das beste Jahr aller Zeiten sein würde.

KAPITEL 25: EIN BRIEF AN ONKEL JAKE

Onkel Jake ist vor zwei Wochen abgereist. Ich vermisse ihn, aber ich bleibe auf dem Weg des Kämpfers, obwohl er nicht mehr da ist. Diesen Brief schrieb ich ihm, weil ich ihm für alles danken wollte, was er für mich getan hatte.

Lieber Onkel Jake,

ich hoffe, dir geht es gut im College. Mir geht es in der Schule besser als je zuvor. Ich habe alle Mathetests mit einer Eins bestanden. Im ersten Sporttest habe ich vierzehn Klimmzüge geschafft. Der Ausflug zum Mount Tom war fantastisch. Ich kann gar nicht glauben, dass ich früher nicht schwimmen konnte. Und endlich habe ich Kenny Williamson die Stirn geboten – und er hat nachgegeben. Jetzt regiert er das Klettergerüst nicht mehr. Das alles verdanke ich dir. Ich danke dir dafür, dass du mir den Weg des Kämpfers gezeigt hast. Ich weiß nicht, wie ich dir jemals für alles, was du für mich getan hast, danken kann. Also sage ich jetzt einfach nur danke.

Ach ja, du hast gesagt, ich solle meinen eigenen Kodex zusammenstellen. Hier ist er:

1. Warrior Kid steht morgens früh auf.
2. Warrior Kid lernt, sammelt Wissen und stellt Fragen, wenn es etwas nicht versteht.
3. Warrior Kid trainiert, übt und ernährt sich richtig, damit es stark und schnell und gesund bleibt.
4. Warrior Kid trainiert, damit es kämpfen und sich Mobbern entgegenstellen kann, um Schwache zu beschützen.
5. Warrior Kid behandelt Menschen respektvoll und hilft ihnen, wann immer es kann.

6. Warrior Kid hält Ordnung und ist immer bereit zu handeln.

7. Warrior Kid bleibt bescheiden.

8. Warrior Kid arbeitet intensiv und gibt sein Bestes.

9. Ich bin Warrior Kid.

Das ist er, Onkel Jake, mein persönlicher Kodex. Sag mir, ob ich etwas hinzufügen oder streichen soll. Oder ob ich sonst etwas tun soll.

So wie der Dreizack ein Symbol der Navy SEALS ist oder Pfeil und Bogen ein Bild für Kampfbereitschaft und Zielstrebigkeit sind, habe ich ein Symbol gezeichnet, das Warrior Kid bedeutet. Es wird mich immer daran erinnern, wer ich bin. Hier ist es:

Noch etwas ist passiert, seit die Schule begon-

nen hat. Einige andere Schüler, vor allem diejenigen, die wissen, wie mickrig ich voriges Jahr war, haben mich gefragt, was ich getan habe, um stärker und klüger und mutiger zu werden. Ich habe ihnen alles erzählt, was du mir beigebracht hast. Ich zeige ihnen, wie man trainiert, wie man Lernkarten benutzt und wie man studiert. Auch ein paar Grundlagen des Jiu-Jitsu habe ich ihnen gezeigt. Sie hören auf mich. Es ist fast, als wäre ich der Anführer der Gruppe. Aber keine Sorge, ich bleibe bescheiden. Darüber schreibe ich dir später mehr.

Noch einmal vielen Dank für alles, Onkel Jake. Danke, dass du mich stärker, schneller, schlauer und besser gemacht hast. Danke, dass du mich zum Jiu-Jitsu mitgenommen hast. Jetzt hackt niemand mehr auf mir herum und ich kann für andere eintreten. Danke, dass du mir geholfen hast, ein Kämpfer zu werden.

Mit Dank, Respekt und Liebe,

dein Neffe
Marc

Das wars. Ich bin froh, dass ich Onkel Jake habe. Aber nicht jeder hat einen Onkel Jake. Ich weiß das. Und ich weiß, dass es nicht wirklich darauf ankommt. Onkel Jake hat mir den Weg des Kämpfers gezeigt, doch dieser Weg ist keine Zauberei. Es gibt keine Tricks. Du brauchst niemanden, der dich auf dem Weg führt. Du kannst ihn allein gehen: Steh früh auf. Trainiere regelmäßig. Ernähre dich gesund. Lerne. Übe Jiu-Jitsu. Der Weg zum Kämpfer ist einfach – aber nicht immer leicht. Manchmal ist es schwer, früh aufzustehen. Manchmal hast du keine Lust zu trainieren. Oder du willst nicht in den Jiu-Jitsu-Kurs gehen. Manchmal hast du Appetit auf Junkfood. Und jedes Mal brauchst du Selbstdisziplin, damit du auf dem Weg bleibst. Aber mit der Zeit macht dieser Weg dich frei …

WARRIOR KID